世にも奇妙な博物館

未知と出会う55スポット

丹治俊樹

みらい PUBLISHING

秋田県

大潟村干拓博物館

岐阜県

名和昆虫博物館

兵庫県

世界の貯金箱博物館

石川県

日本自動車博物館

都立第五福竜丸展示館

富山県

氷見昭和館

まえがき

日本にはヘンな、本当にコアで、奇妙な、でもたまらなく魅力的な博物館が地方のいろんな場所に存在し、その数5700以上というから驚き。

博物館にハマりにハマった博物館マニアの私が、今まで訪れた博物館は、六年間で750か所ほど。そのほとんどが、いわゆる一風変わったヘンな博物館だ。この〝一風変わった〟という所がミソ。そういう想定外の場所の方が、思わぬ発見があり、より世界が広がる楽しさがあるからだ。

本当に博物館は知ることの喜びにあふれている。

だから、都会の片隅の、もしくは地方の温泉地や、山のなかの小さな博物館で、「お～こんな博物館があるのか！」という感動や興奮、さらには、「こんな史実があったのか」という衝撃には、何か中毒性のようなものがあるのだろうか、ハマると抜け出せなくなってしまうのだ。

みなさんもありませんか？　世にいう一般的な定番のスポットよりも、地元の方にしか知られてないような、そんなニッチな場所に行ったことが逆に思い出になったなんてことが。

そう、本書で扱う博物館はちょっとフツーではない。かといって、意味不明な場所というわけでもない。じゃあどういう場所なのかというと、情熱を持ってただひたすらコレクションを集めて誕生した博物館があれば、運営は火の車でも人生を賭けて開館している博物館、世界無形文化遺産の活動拠点となっている博物館、定年後のセカンドライフとして誕生した博物館、忘れてはいけない史実を未来に残す使命で開館している博物館などなど。

博物館だから展示物を見るのはもちろんなのだが、個人博物館ともなると、館長の人生をも垣間見られるところに、さらなる興味深さを感じることもある。

そして、ちょっとフツーでない博物館は、胸を鷲掴みにされるように、感情をも大きく揺さぶってくる。コレクションに驚愕することもあれば、昭和のあの懐かしい世界に浸れるなんてことも。

時には、涙なしくては見られない悲しい史実、戦争の悲劇だって扱っている。そう、〝一風変わった〟といったって侮れない。このちょっとフツーではない変わった博物館には、みんなが当たり前のように暮らしている日本の、知られざる大切な史実をも語り継いでいるのだ。

何度も申し上げるが、「知ることは楽しい」のだ。博物館にはそれがあふれている。不思議で、奇妙で、好奇心を刺激して、たくさんの疑問を投げかけ、ドキドキワクワクさせてくれる。それは人生だって変えてしまうくらいの力を持っているかもしれない。

だからこそ、多くの方に本書で取り上げた博物館を知ってほしく、そして、ぜひ足を運んでいただきたいと思っている。

きっとそこには、心にグッと迫る感動が待っているはずだから。

ようこそ、あなたの知らない博物館の世界へ!!

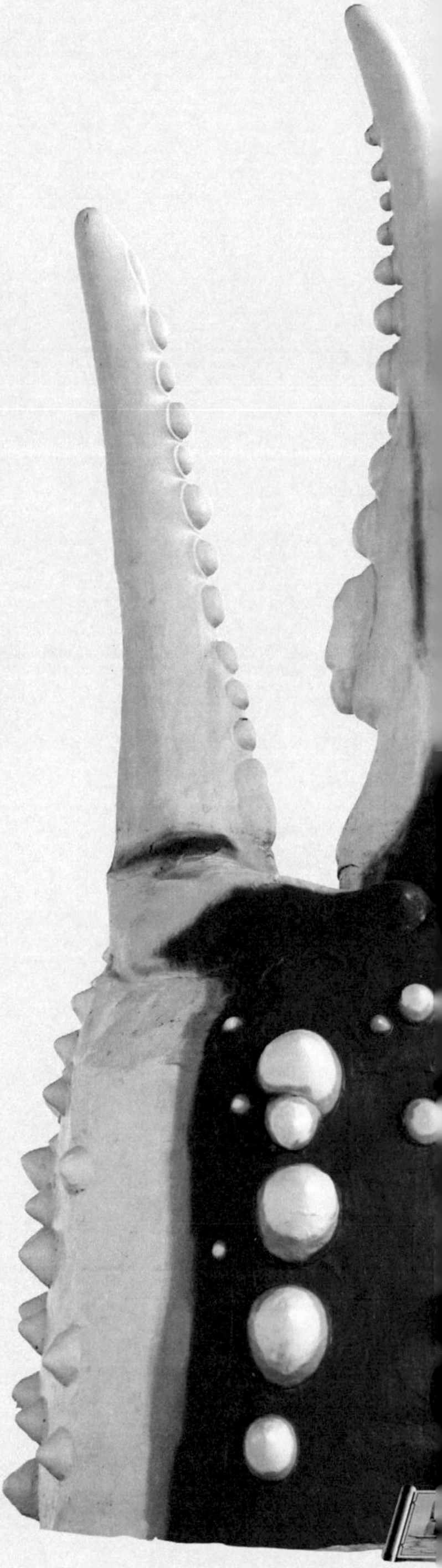

九州・沖縄

北海道・東北

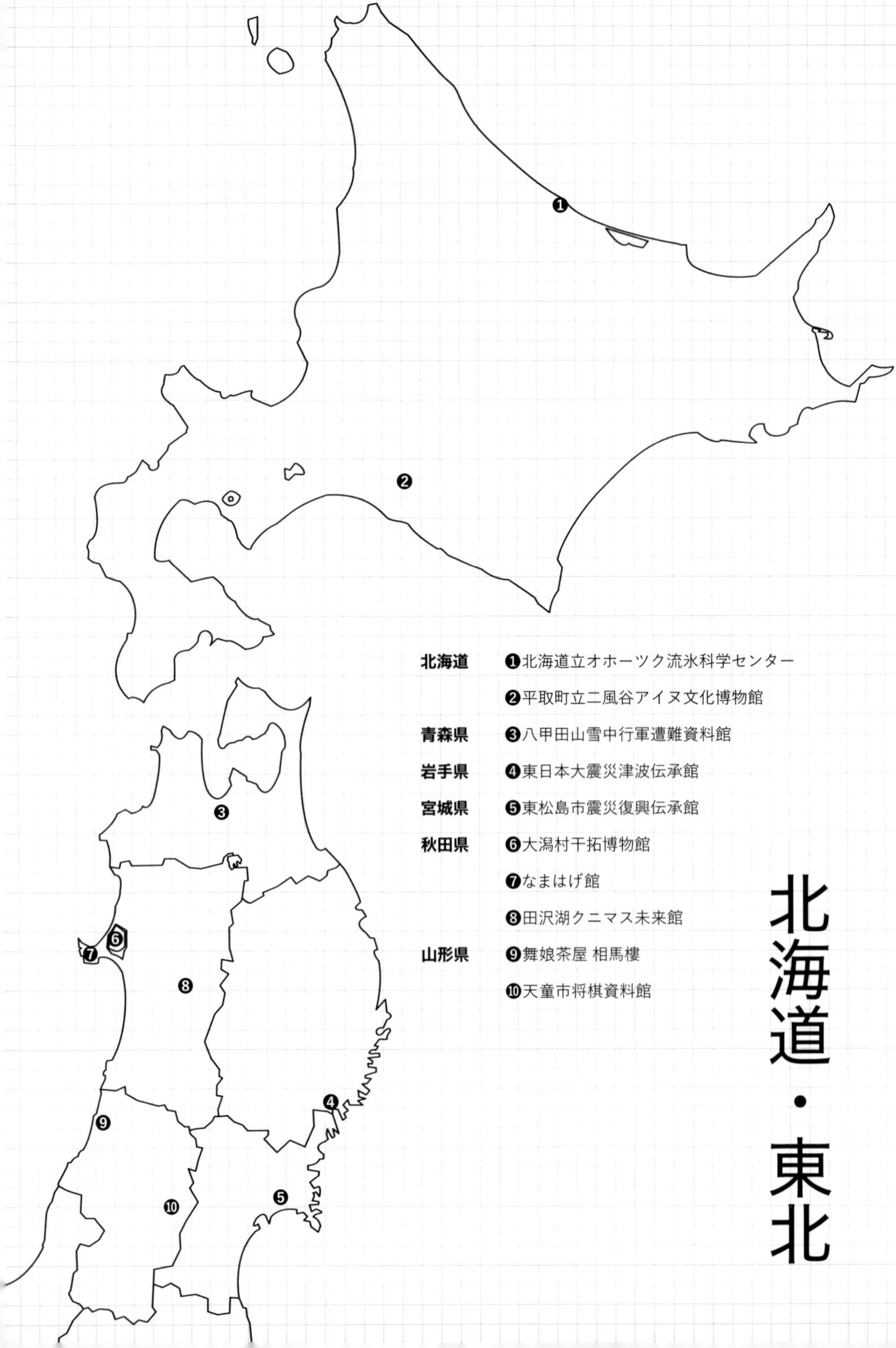

北海道 ❶北海道立オホーツク流氷科学センター

❷平取町立二風谷アイヌ文化博物館

青森県 ❸八甲田山雪中行軍遭難資料館

岩手県 ❹東日本大震災津波伝承館

宮城県 ❺東松島市震災復興伝承館

秋田県 ❻大潟村干拓博物館

❼なまはげ館

❽田沢湖クニマス未来館

山形県 ❾舞娘茶屋 相馬樓

❿天童市将棋資料館

1983年に開催された「紋別流氷アートフェスティバル」がキッカケで作られた「カニの爪オブジェ」。

1

北海道立オホーツク流氷科学センター

そそり立つ巨大なカニの爪に導かれ　シャボン玉も凍る極寒プレイへ！

北海道

1

2

3

1.ドームシアターでは、心地よいBGMに合わせて四季折々のオホーツクが映し出される。／**2**.展示室では、展示パネルやジオラマを用いて、流氷の不思議をわかりやすく紹介している。／**3**.展示されているシロクマは剥製ではあるものの、間近でその迫力を体験してみてほしい。

広大な土地に広がるラベンダー畑やパッチワークの路、さらにはアイヌ民族や開拓使などの歴史など見所満載の北の大地、北海道。冬には多くの雪が降り積もり、オホーツク海の沿岸では流氷が見られることでも知られている。そんなオホーツク海沿いの町、紋別市には、流氷にまつわる内容を展示する「北海道立オホーツク流氷科学センター」がある。

目の前には雄大なオホーツク海が広がり、すぐ近くに佇む高さ12mにも及ぶ紋別のおもしろ名物「カニの爪オブジェ」がすごいインパクトだ。館内には流氷以外にもオホーツク海で生息する生き物、さらには砕氷船ガリンコ号、南極・北極に関してなど幅広い内容を扱い、そのなかにメインといえる展示が三つある。

一つ目は、この科学館一番の見所、厳寒体験室。部屋のなかはマイナス20℃にもなる厳寒の世界が広がり、本物の流氷、シロクマの剥製、さらにはオホーツクの魚たちを氷漬けにした標本が展示されている。シロクマは大きな爪や体を覆う毛が本物で、毛並みは触ってみると結構太く、そして硬い。剥製といえども、目の前に立つとその巨体に驚かずにはいられない。

これだけ貴重な展示物があるものの、マイナス20℃の極限状態に、僅か5分足らずで、あるいは入った瞬間に退場してしまう人が続出。そう、ここでは貴重な展示物を寒さに耐えながら鑑賞しなければならないのだ。雪すら見たことのない南国からの来館者は、絶叫しながら喜ぶし、かと思えば短パンTシャツのまま入るツワモノもいるとのこと。また、凍るシャボン玉ショーも神秘的で、大変見ものだ。それはまさに自然が作るスノードーム。寒さも忘れる美しさなのだ。とはいえ、ちゃんと上着も貸してくれるため、薄着で来館しても問題なしだ。

二つ目は、ドームシアター。オホーツ

クの美しい四季とその地域の魅力を15分ほどの映像で楽しめるこのシアターは、なんと直径15mの傾斜型ドームの天井がスクリーンになっている。見上げると視界全体に映像が広がり、オホーツク海を船で動く映像や野生動物のシーンなどは、まさにその場にいるかのような臨場感を味わえる。シアターを併設した施設というのは結構見られるものの、こうした形式のシアターは大変珍しい。

そして三つ目は、実に1200匹にも及ぶクリオネが優雅に泳ぐクリオネハウスだ。「流氷の天使」「氷の妖精」ともいわれるように、翼足といわれる翼のような部位を羽ばたかせて泳ぐ姿は大変美しい。この水槽には、「ハダカカメガイ」「ダルマハダカカメガイ」という2種類のクリオネが泳いでいるが、いずれにしても天使のような可愛い姿から一転、捕食姿勢に入った時のギャップは衝撃的だ。

他には、流氷ができる仕組みについて説明したパネル展示や、団体の方向けにはジオラマを使った流氷ができる仕組みをスタッフが詳しく説明してくれたりもする。

流氷を中心にした、まさに北海道らしい博物館ともいえる北海道立オホーツク流氷科学センター。冬の流氷シーズンはもちろん、夏休みには、さらに大勢の来館者で賑わうそうだ。真夏の暑い時期こそ厳寒体験を味わいたくなる、そのギャップがたまらないのだ。

極寒の世界だとシャボン玉が割れたらどうなるのか。ぜひ、体験してみてほしい。

北海道立オホーツク流氷科学センター

[住] 北海道紋別市元紋別11
[電] 0158-23-5400
[時] 09:00 ～ 17:00（入館は閉館30分前迄）
[休] 月曜日（祝日の場合は翌平日）/年末年始
[料] セット料金（展示室・映像ホール）
一般 750円/高校・大学生 250円
展示室　一般 450円/高校・大学生 150円
※中学生以下無料

2

平取町立二風谷アイヌ文化博物館

北海道

アイヌ文様と生きることは、カムイとともに生きることだ。

見栄え良く、綺麗に展示された館内には、神秘的な雰囲気が漂っている。

入り口にはゆりかごや子どもたちが遊びに使う道具類が並べられているように、人の一生を辿る構成で展示されている。

北海道の歴史を語る上で欠かすことはできないアイヌ文化。動植物や道具類などあらゆるものに魂が宿り、これをカムイとして敬うアイヌ文化は、アニメとしても放映されている人気漫画『ゴールデンカムイ』や、2020年7月に白老町に誕生した、アイヌ文化の復興・発展のための拠点となるナショナルセンター「民族共生象徴空間（ウポポイ）」の存在もあり、近年特に注目されつつある。

ウポポイ以外にも、北海道にはアイヌ文化を伝える博物館が多数見られるのだが、そのなかでもオススメしたいのが、「平取町立二風谷アイヌ文化博物館」だ。

館内には、北海道二風谷及び周辺地域のアイヌ生活用具コレクション1121点のうちの919点もの資料が所狭しと展示されている。これらはすべて重要有形民俗文化財に指定され、資料のほとんどは、アイヌ文化研究者・萱野茂さん（1926〜2006）が集めたコレクションが中心となっているそうだ。

展示資料を細かく見てみると、儀式に身に着ける品々、狩りに使う道具、子どもたちの遊び道具、彼らが食べていた植物など、いずれも様々な生活に関わるものだ。これらは150年ほど昔のアイヌ民族が使用していたもので、なかでも、「二風谷《にぶたに》イタ」という木彫りの盆と、「二風谷アットゥㇱ」というオヒョウの樹皮で作った糸で織り上げた反物は、北海道で初めて伝統的工芸品に指定された。アットゥㇱ織の衣服に描かれるモレウ（渦巻紋）、アイウㇱ（棘紋）、シㇰ（目紋）などの独特のアイヌ文様が印象的で、他の資料を見ても、しきりにこれらの文様が取り込まれていることがわかる。また、子どもたちの遊び、儀式、死者の埋葬方法などを見ても、アイヌならではの文化があるのも大変興味深い。

さらに独特なのが、彼らが使っていたアイヌ語だ。本州に近い北海道で使われていたアイヌ語ではあるものの、日本語とは全く異なる言語であり、館内にあるアイヌ語を話す映像を見ても、字幕がないと全く意味がわからないほど。そして、アイヌ語ってどんな文字が使われていたかというと、実はアイヌの人たちは口から口へ伝えることでアイヌ語を語り継いでいたのだ。

　地球上の、他のどこにもない唯一無二な、北海道の歴史と文化の源泉であるアイヌの宝物をしっかり守り、より豊かに育みながら未来へと伝えていくための博物館は、近くに萱野《かやの》茂《しげる》二風谷《にぶたに》アイヌ資料館、沙流川《さるかわ》歴史館、旧マンロー邸などもあり、歴史的景観とともに楽しめる点も素晴らしい。

1

2
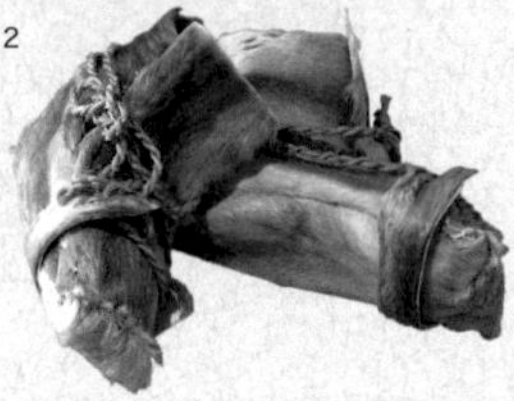

3

4

1.円を描くように並べられたトゥキパスイという捧酒箸。お椀にお酒を入れ、先が尖っている方を浸して神々に捧げる道具。／**2**.鮭や鹿の皮で作られた靴。生き物の皮で靴まで作ってしまう器用さには驚くばかり。／**3**.代表的な二風谷イタには、アイヌ文様を代表する模様である「モレウ（渦巻）」「シㇰ（フクロウの目）」が描かれている。／**4**.木綿に刺繍を施したホㇱ（脚絆）にもモレウ（渦巻）が見られる。

平取町立二風谷アイヌ文化博物館

[住] 北海道沙流郡平取町二風谷55
[電] 01457-2-2892
[時] 09:00～16:30
[休] 4月16日～11月15日 毎日開館
12月16日～1月15日 1か月間は館内整備のために休館
11月16日～4月15日 冬期間は月曜日が定期休館日
[料] 大人 400円/小・中学生 150円

雪山遭難事件を生んだ、軍隊というパワハラ。

3

八甲田山雪中行軍遭難資料館

青森県

本州北部に位置する八甲田連峰。日本百名山の一つでもあるこの山の麓で、100年以上も昔である1902年の冬の時期に、199名が亡くなった世界最大規模の雪山遭難事件が発生した。この事件は、新田次郎氏の小説、さらには高倉健主演の映画『八甲田山』にもなったことで世に知られることとなった。

八甲田山の道を青森市に向かって下った場所に「八甲田山雪中行軍遭難資料館」はある。パネルや資料、そして映像を通して、雪中行軍が行われることになった当時の時代背景、行軍計画がどのように立てられたか、さらには捜索の一部始終に関してを大変わかりやすく時系列に沿って展示している。

この雪中行軍は、ロシア軍との戦争に備えるために行われたという背景があった。当時世界最強といわれていたロシア軍との戦争になれば、長期にわたる冬季での戦闘もあり得ると踏み、寒冷地の軍事訓練を急いだのだ。

連隊から約22km先の田代新湯へ一泊二日で行軍することになった青森歩兵第五連隊。ただ短期間の行軍ということで危機意識が薄く、軽装で、軍医からの凍傷予防の注意も怠り、指揮系統の乱れ、休憩をとらず疲労を濃くしたなど、遭難した原因は多々あったといわれている。

雪中行軍に参加した210名の顔写真、実際に行軍時に用いられた手帳などの品々、さらには数少ない生存者の肉声な

1

2

1.入り口の目の前に現れる後藤伍長の銅像のレプリカ。立ったまま、仮死状態の姿で捜索隊に発見された。／**2**.資料館に隣接する幸畑陸軍墓地。亡くなった199名の墓標と当時の生存者11名の墓碑が建てられている。

どの展示には、ただ痛ましさを感じる。

また、資料館に隣接して幸畑陸軍墓地があり、雪中行軍遭難事件で亡くなられた199名の墓標と当時の生存者11名の墓碑が建てられている。

今から100年以上も昔のことではあるものの、冬の八甲田山にて起こった世界最大規模の雪山遭難事件。八甲田山雪中行軍遭難資料館では、その真相を正確に、これからも後世に伝え続けていく。

八甲田山雪中行軍遭難資料館

［住］青森県青森市幸畑阿部野163-4
［電］017-728-7063
［時］4月1日～10月31日 09:00～18:00
11月1日～3月31日 09:00～16:30
いずれも入館は閉館30分前迄
［休］12月31日～1月1日、2月の第4水・木曜日
［料］一般 270円/高校・大学 140円/
中学生以下・70歳以上 無料

雪中行軍隊員は、このような編成で
八甲田山へと向かったようだ。

恐ろしい津波の記憶が、人をもっと強く進化させる！

4

東日本大震災津波伝承館

岩手県

2011年3月11日14時46分、国内観測史上最大規模のマグニチュード9・0に及ぶ東日本大震災が発生し、日本中に衝撃を与えた。大地震だけでなく、大津波、そして原発事故まで発生した未曾有の大災害。その爪痕は大きく、自然災害の脅威を思い知らされた出来事だった。

復興を進める岩手県陸前高田市には、高さ約15mにも及ぶ大津波によって被害を受けた跡地にて、国と地元自治体が協力する形で「高田松原津波復興祈念公園」の整備が進められ、そして2019年9月22日、公園の中核施設である「東日本大震災津波伝承館」が開館した。

この伝承館は、シアターのほか、展示パネル、実際に被災した消防車や信号機などの展示物を通して津波被害の事実と教訓を後世に伝えている。津波被害といっても、それは東日本大震災に限らない。三陸沿岸地域は、いくつもの湾が複雑に入り組む津波の高さが大きくなるリアス海岸であるため、三陸地方の津波の記録として最も古い869年の貞観津波が発生して以降、たびたび津波被害に見舞われてきた歴史がある。

館内の中心に展示されているボロボロになった消防車、グニャッと折れ曲がった橋桁《はしげた》を見ると、改めて津波の恐ろしさを思い知らされる。

そのため当施設では、過去の史実から「これからも地震や津波は起こるもの」と考え、「それを踏まえ、この地で暮ら

祈念公園内にある陸前高田ユースホステル。津波によって水没し折れ曲がるほどの被害を受けた。

1

2

1.津波襲来の直前まで住民への避難指示に奔走していた消防車。津波によって、山際まで押し流された状態で見つかったとのこと。／**2**.津波が襲来して多くの松が失われるなか、唯一耐え残った「奇跡の一本松」。復興の象徴として保存されている。

していくためにどうすべきか」を伝えているのだ。

これからの未来に同じ犠牲を出さないためにも、先人が津波の脅威を伝える数々の石碑の存在、津波が発生したら、てんでんばらばらに高台に避難せよという「津波てんでんこ」の教え、さらには沿岸部に伸びる何本もの国道を、救命・救援ルート確保に向けて切り拓く「くしの歯作戦」など、後世に伝えるべきたくさんの教訓があるのだ。

高田松原津波復興祈念公園には、伝承館以外にも東日本大震災による震災遺構がいくつか残されている。最も有名なのは〝奇跡の一本松〟だろう。七万本もの松が広がっていた高田松原で、唯一倒れずに残り続けた一本の松は、復興のシンボルとして多くの人々に勇気と感動を与えたとして、今でもモニュメントとして残り続けている。

東日本大震災から10年以上が経過し、徐々に震災への関心は薄れているものの、今も地下深くでプレートは確実に動いていることを忘れてはならない。

伝承館は道の駅に隣接しているので、ドライブ休憩のついでにでも、ぜひ立ち寄ってみてほしい。

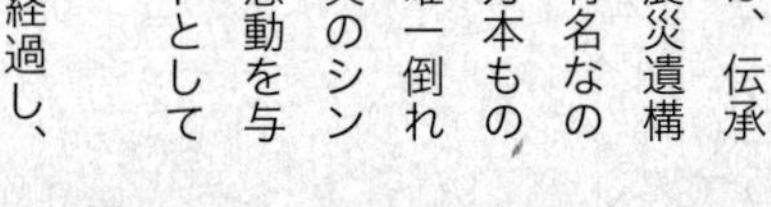

東日本大震災津波伝承館

[住] 岩手県陸前高田市気仙町字土手影180番地
[電] 0192-47-4455
[時] 09:00～17:00（入館は閉館30分前迄）
[休] 年末年始（12/29から1/3まで）/臨時休館日
[料] 無料

GLAYからの青い鯉のぼりよ、復興の虹の空に泳げ！

5 東松島市震災復興伝承館 宮城県

風光明媚な景色が広がり、日本三景の一つとして全国的に知られる松島。その場所から車で15分ほどの場所に、旧野蒜《のびる》駅の駅舎を活用して震災の記憶と教訓を後世に伝える施設「東松島市震災復興伝承館」がある。

2011年3月11日14時46分に三陸沖を震源とする地震が発生し、宮城県内では最大震度7を観測。この旧野蒜駅には、10mに及ぶ津波が15時50分に襲来。手前に運河があったことで高さは3・7mに下がったものの、駅舎は襲われ、周辺は壊滅的惨状となった。

震災直後、米軍トモダチ作戦により訪れたアメリカの隊員たちが野蒜駅を清掃したり、地域自治組織による炊出しも行われた。仕事を失った人もいたが、地震や津波で出た瓦礫を分別する仕事で現金収入を得られ助かったなど、様々な人々の姿を、館内に展示されている多くの写真が伝えている。

一階では復興のまちづくりについて紹介されており、二階で上映されている映像では、津波襲来時の様子や被災者の証言が取り上げられ、二度と同じ犠牲が出ないためのメッセージが伝えられている。また、津波が運んできた松の葉が釣り銭受取口に入ったままの駅の券売機、地震の揺れによって2分後の14時48分を指したまま針が止まった時計などもあり、当時のありのままの被害状況を、ぜひ目に焼き付けていただきたい。

驚いたのは、あの有名ロックバンドGLAYからの青い鯉のぼりも展

1

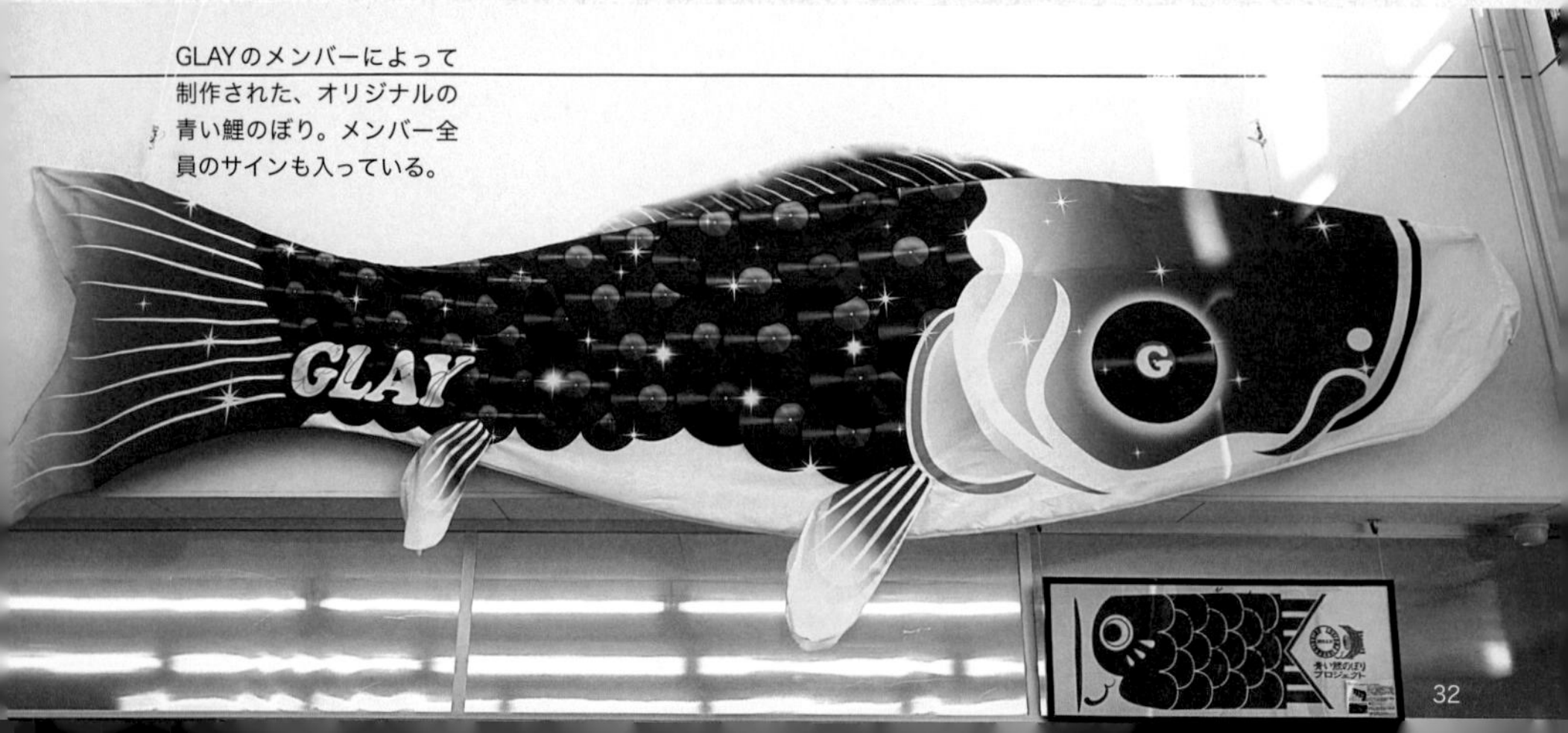

GLAYのメンバーによって制作された、オリジナルの青い鯉のぼり。メンバー全員のサインも入っている。

2

示されていた点だ。これは「犠牲になった子どもたちが天国で寂しくないように」と青い鯉のぼりを全国から寄贈いただき5月5日に掲げる「青い鯉のぼりプロジェクト」への協力で、GLAYがツアーで宮城を訪れた際にサイン入りのものを贈ってくれたそうだ。

館の外に出ると、旧野蒜駅のホームと線路が残されており、線路は津波の衝撃でグニャッと曲がってしまっていた。本当に恐ろしいと、足が震えた。

伝承館がある東松島市の野蒜地区で、津波によって命を落とされた方は500名を超える。東日本大震災では全体で2万名弱の人が亡くなり、2500名以上が行方不明となっている。あの震災から10年以上が経過し、風化されていく一方、こうした施設を訪問して震災の史実と教訓を再認識することは、とても大切なことではないだろうか。

3

1.JR野蒜駅にあった券売機。3.7mもの津波に襲われ、液晶画面などがズタズタになっている。／**2**.津波の影響でグニャッと曲がってしまった線路は、鉄道マニアの方がよく来て、この光景をカメラに収めるとのことだ。／**3**.地震の揺れにより2分後に針が止まった時計。高い場所にあったため津波で水没することはなかった。

東松島市震災復興伝承館

［住］宮城県東松島市野蒜字北余景56-36
［電］0225-86-2985
［時］09:00～17:00
［休］毎月第３水曜日／年末年始
［料］無料

巨大な湖の水を抜きに抜きまくり　東京ドーム3668個分の陸地が爆誕！

6

大潟村干拓博物館

秋田県

秋田県大潟村には、道の駅に併設した「大潟村干拓博物館」がある。この博物館は国営事業として大潟村が誕生した歴史を保存・普及を目的に、2000年に誕生した。

大潟村は誕生した経緯が本当に独特で、「戦後の食料自給率を上げること」「サンフランシスコ平和条約の締結を渋ったオランダを納得させるべく、干拓の技術を導入してオランダに対し技術料を払うこと」などの背景があって干拓されたという。

八郎潟の水を抜いて誕生した陸地は、東京ドームに例えると3668個分の広さ。オランダみたいに陸地が海より低く、村全体がまっ平という非常に珍しい地形だ。

そんな干拓事業は実に20年に及び、大潟村は東京オリンピックが開催された

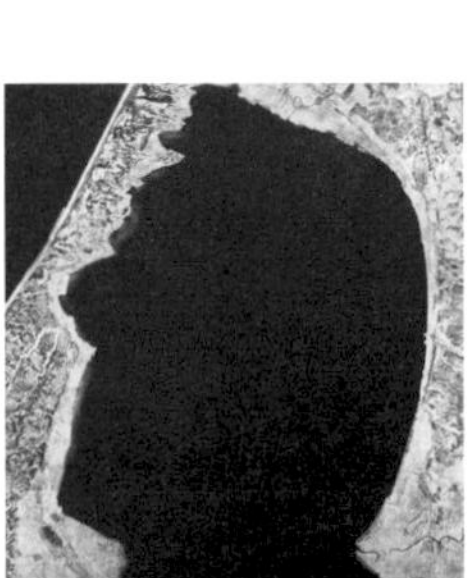

ビフォーアフターを見ると、誕生した陸地の巨大さから、とてつもない大事業だったことがわかる。

1964年に誕生。そしてその陸地は、今でも排水機場によって毎秒最大80トンもの水を海に排出することで維持されているのだ。

　また、大潟村誕生による入植者の話も面白い。新たに村が誕生したことで全国各地に募集をかけ、応募者のなかから試験の合格者だけが移住したが、各々の住所やお墓の場所はすべてくじ引きで決めたというのだ。

　この博物館では、以上のような珍しい経緯で誕生した大潟村の歴史を伝えることが主だが、多くの野鳥が見られることから野鳥に関する展示、掘ると貝の化石がたくさん出るため、10年前からジオパークの展示にも熱を入れているとのことだ。

　道の駅での買い物ついでに博物館を訪れる人が多いほか、県内にある学校から課外授業として多くの生徒も訪れる。私も小さい頃から地図が好きで八郎潟が埋め立てられたことは知っていたが、このような背景があったとは本当に驚かされた。

大潟村干拓博物館

[住] 秋田県南秋田郡大潟村字西5丁目2番地
[電] 0185-22-4113
[時] 09:00 ～ 16:30（入館は閉館30分前迄）
[休] 4月～9月 毎月第2・第4火曜日
10月～3月 毎週火曜日
（火曜日が祝日の場合は翌日が休館日）
年末年始（12月31日～1月3日）
[料] 大人 300円/小・中・高生 100円

ひときわ目立つ巨大オブジェでは、八郎潟から排出される毎秒最大80トンもの水量を表現。

7

なまはげ館

秋田県

吉事をもたらす来訪神！
男鹿半島各地のなまはげ勢ぞろい！

秋田県の男鹿半島に、古くから伝わる民俗行事なまはげ。神の化身とされ、大晦日の晩にお山から降りてきて、悪事に訓戒を与え、厄災を祓い、豊作、豊漁、吉事をもたらす来訪神として「怠け者はいねがー」「泣く子はいねがー」と叫びながら家に上がり、子どもたちが泣き叫ぶ様子は、全国でも知られている民俗行事の一つだろう。

２０１８年にはユネスコ無形文化遺産（来訪神：仮面・仮装の神々）にも認定され、世界からも注目されている。そんな男鹿半島にあるのが、男鹿各地のなまはげが勢ぞろいする「なまはげ館」だ。

毎年「なまはげ柴灯《せど》まつり」が開催されることで有名な真山神社の近くに位置する石造りの荘厳な資料館で、一番の目玉は、男鹿半島各地に伝わる、総勢１５０枚を超えるなまはげ面が勢ぞろいした光景だ。怖～いお面を被ったなまはげたちがビッシリと立ち並んでおり、こ

総勢150枚を超えるなまはげ面が勢ぞろい。男鹿半島各地のなまはげが集結しているだけあって、壮観で迫力ある光景だ！

いつはなかなかの迫力だ。

展示されているお面は、各地のなまはげ行事で使用されたものでどれも怖い表情だが、目、鼻、口の形は様々で、色もとてもカラフル、持ち物も個性的だ。

館内では、『なまはげの一夜』という映画の放映や展示パネル等で、なまはげを詳しく紹介。なまはげ誕生の歴史は定かではなく、怖いながらもその神秘にも惹かれてしまう。

なまはげ館

［住］秋田県男鹿市北浦真山字水喰沢
［電］0185-22-5050
［時］08:30～17:00
［休］年中無休
［料］大人 550円/小中高生 275円

絶滅させた幻の魚の、起死回生プロジェクトの真実！

8

田沢湖クニマス未来館

秋田県

秋田県には、日本一深い湖であり「たつこ姫伝説」としても知られる田沢湖がある。この湖の畔には「田沢湖クニマス未来館」というロマンを秘めた博物館があり、かつて田沢湖のみに生息していた固有種「クニマス」に関する展示を行っている。

そもそも田沢湖は、今から180～170万年前に誕生したカルデラ湖。水深は423・4ｍという日本一深い湖で、水温はどの深さでも4℃という、決して凍ることがない不思議なメカニズムを秘めている。

クニマス以外にも20種類以上の魚が生息していたことで漁業が行われていた過去があり、そのなかでも、昔は「クニマス一匹、米一升」といわれたように、クニマスは大変貴重で高価な魚だった。ところが、

1930年代の歴史的な大凶作をキッカケに、付近を流れる玉川の水は農業用水に用いるほか、電源開発の必要性も出てきた。玉川の水は酸性度が高いため、その解決策として、玉川の水を田沢湖に投入して酸度を薄める方法がとられ、それにより田沢湖は急激に酸性化してクニマスは姿を消してしまったのだ。

姿を消したことで、人々からその存在が忘れられていくクニマス。

ところがだ、なんとクニマスは

「たつこ姫伝説」として有名な田沢湖。クニマスがここを泳ぐ姿を見てみたいものだ

遠く離れた山梨県の西湖で生きていたのだ。その発見のキッカケは、最後のクニマス漁師だった三浦久兵衛氏が、残されていたクニマス漁の資料から「明治後期から始まったクニマスの人工増殖の取り組みによる本栖湖や西湖への譲渡の記録」を発見したことによる。これに希望を見出し、地域を挙げたクニマス探しのキャンペーンを経て、ついに、2010年に山梨県の西湖で発見。滅んだと思われていた魚は、山梨県で生きていたのだった。

この博物館は、西湖でクニマスが発見されたことを機に、2015年から県と市の協議を経て策定された「田沢湖再生クニマス里帰りプロジェクト」の一環として誕生。そして、このプロジェクトの目標は田沢湖にクニマスを戻すことだ。

自然界では西湖にのみ生息しているクニマスだが、館内では鑑賞が可能だ。山梨県で行われている人工増殖のクニマスが、ここでも飼育されているというわけだ。

クニマスが田沢湖に戻る日はいつになるのだろうか。道のりは長いものの、実にロマンのある博物館だ。

1

2

3

1.山梨県で「人工増殖（ふ化）されたクニマス。田沢湖に帰れる日が来ることを祈るばかり。／**2**.展示パネルだけでなく、お魚も水槽で飼われていることから水族館も兼ねたハイブリッド博物館といえるだろうか。／**3**.クニマス探しキャンペーンのポスター。なんと、見つけたらその賞金は500万円!

田沢湖クニマス未来館

［住］秋田県仙北市田沢湖潟字ヨテコ沢4
［電］0187-49-8131
［時］09:00 ～ 16:00
［休］火曜日（祝日の場合は翌日）
［料］大人（高校生以上）300円/
小人（小・中学生）150円/6歳未満 無料

チントンシャンと踊る舞娘と、古き良きお座敷文化にメロメロだ。

9

舞娘茶屋 相馬楼

山形県

日本海の海運で活躍した北前船の寄港地として、さらには最上川の舟運の要として、古くから栄えた山形県の酒田港。その繁栄ぶりは「西の堺、東の酒田」とも謳われ、日本を代表する湊町だった。現在でも、酒田にはその時代の名残りを残す場所があり、その一つが「舞娘茶屋相馬楼」だ。

相馬楼があるのは、酒田市に鎮座する日枝神社の東参道沿い。石畳で所々に松の木が見える、古《いにしえ》の風情を思わせる場所で、外塀は鮮やかな薄紅色を呈している。大きく、そしてどっしりとした建物は木造で、国の登録文化財建造物に指定されている。

扉を開ければ、そこは別世界。扉の正面の黄金色に染められた扇や松竹梅の意匠に目を奪われれば、壁は朱に塗られて豪奢な風情。長押には竹や扇などの意匠の釘隠し、繊細な欄間や優美な襖絵には京の趣も感じられる。そんな相馬楼には、どのような歴史があったのか。

元々は江戸時代から酒田を代表する老舗料亭で、財界人や著名人が利用するような高級料亭だった。元首相の犬養毅、画家の竹久夢二ともゆかりがあり、広間には犬養毅直筆の書が掛けられ、竹久夢二美術館が併設されているのはその由縁だ。相馬屋は1995年に閉業し、その後は取り壊しの話もあったものの、酒田市に本社を置く平田牧場が建物を買い取り、現在の相馬楼をオープンしたのだ。

その際、この建物は泉椿魚氏のプロデュースによって生まれ変わった。壁は赤く、畳の縁《へり》も薄紅色という艶やかさで、さらには畳は金で塗られ、まるで映画のセットのような独特の世界観を演出している。

そして相馬楼における一番の目玉は、地方《じかた》さん・舞娘さんによる舞娘演舞鑑賞だ。二階の大広間を演舞場とし、北前船で賑わっていた頃の酒田の様子を踊る『酒田甚句』、この土地の若い娘が農作業をする様子を踊る『庄内おばこ』などを披露する。舞娘たちが三味線に合わせて踊る華麗な姿は、湊町酒田の往時の料亭文化を彷彿させてくれる。そんな非日常空間を味わえるここは、ある意味博物館なのかも。

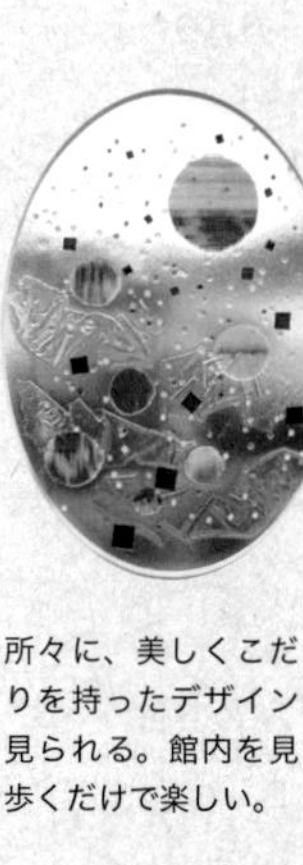

所々に、美しくこだわりを持ったデザインが見られる。館内を見て歩くだけで楽しい。

1. 舞娘演舞鑑賞に登場する舞娘さんと地方さん。美しく、上品さを備えた姿に、思わず見惚れてしまう。／ **2**. ド派手な赤色に囲まれた玄関。扉を開ければ現れる突然の別世界に、驚きを隠せない。／ **3**. 中二階には真っ赤に、さらには黄金に染められた畳がある。／ **4**. 地方さんの三味線・歌声に合わせ、舞娘さんが粋な踊りを。何と贅沢なひとときだろうか。

舞娘茶屋 相馬楼 / 竹久夢二美術館

[住] 山形県酒田市日吉町1丁目2-20
[電] 0234-21-2310
[時] 10:00 ～ 16:00（入楼は閉楼30分前迄）
[休] 水曜日（お盆、年末年始休業あり）
[料] 大人 1000円/中学生・高校生・大学生 500円/
小学生以下 無料　※入楼、見学のみの金額となります

吹けば飛ぶよな将棋の駒と、遊びたい人、いらっしゃい!

10

天童市将棋資料館

山形県

1

近ごろは藤井聡太プロが登場してから再び注目を浴びている将棋界。その将棋駒の生産量で実に9割以上を占めているのが、山形県天童市だ。市内では春の風物詩ともなっている「人間将棋」というイベントが行われるが、市内のあちこちに詰将棋の絵が描かれていたり、工房で将棋駒作りが体験できたり、まさに将棋天国ともいえるこの地には「天童市将棋資料館」という将棋の資料館もあるのだ。

JR天童駅の駅舎を改修したことがキッカケで、駅の建物に併設される形で1992年に誕生したこの資料館。天童の将棋に関する歴史だけでなく、日本への将棋伝来の流れやタイトル戦に関する内容など、将棋全般を網羅した資料館となっている。

そもそも、日本の将棋の起源はインドの「チャトランガ」というボードゲームが発祥のようで、それが東方面に伝わったのが将棋で、西方面に伝わったのがチェスとのこと。日本における将棋の始まりは定かではないが、1058年の記

壁全体にずらりと並べられている将棋の駒。職人さん手作りのもので、作り方はもちろん、駒に書かれる字体まで様々。

4

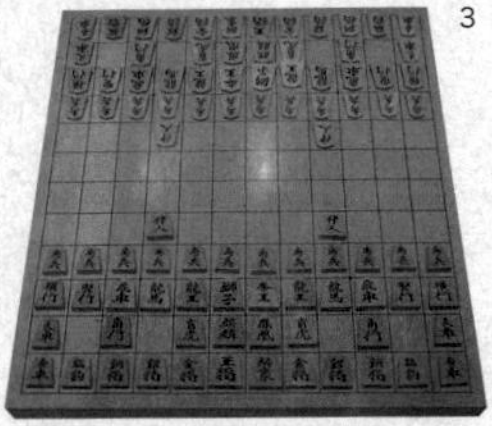
3

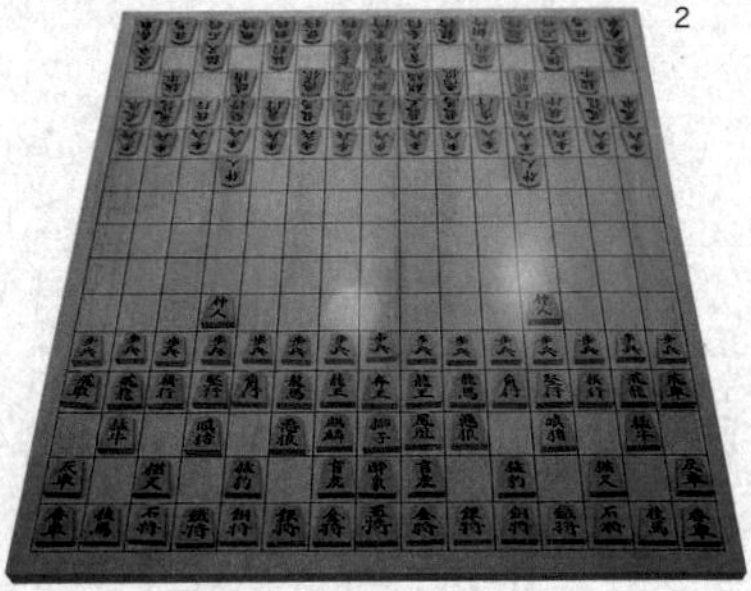
2

1.駒が多すぎて、もうわけがわからない泰将棋。決着がつく前に、力尽きてしまいそうだ。／**2**.駒の動き方を覚えるだけでも脳ミソ爆発しそうな大将棋。決着がつくまでに、どれだけの時間がかかったのだろうか。／**3**.今でも愛好家が多いという中将棋。大将棋、泰将棋に比べると駒数はだいぶ少ないものの、これでも十分カオスに見える。／**4**.飛車と角がないこちらは、平安時代の小将棋。他と比べるとスッキリして見える。

録があることから平安時代には行われていたようだ。元々は現在みたいに持ち駒を使うルールはなく、一度取られた駒を再び使うことはできなかったとのこと。

私も、学生の頃に友達と将棋盤で対戦したことはあり、そのような背景を知るとさらに好奇心をそそられた。

そしてこの資料館での一番の見所が、中将棋、大将棋、そして泰将棋の再現だ。元々は一度取られた駒は再び使わなかったことから早めに勝負がついていたため、どんどん将棋の駒を増やして複雑にしていったようだが、それにしても駒の数が半端ない。

中将棋ですらカオスに見えるのに、大将棋、そして両者合わせて354枚もの駒数になる泰将棋となると、もはや笑うしかない。これらは文献には記載されているものの、大将棋からは実際に行われていたかは不明とか。駒の種類も凄い数であることから、ルールを覚えるだけでも試験勉強並みの暗記が必要だ。

他にも、駒がどのような流れで作られるかの展示、職人さん手作りの駒が壁中に並べられていたりと、将棋好きでなくても楽しめる要素はたくさんある。

私もまた将棋盤に向かい、無性に指したくなってきてしまった。

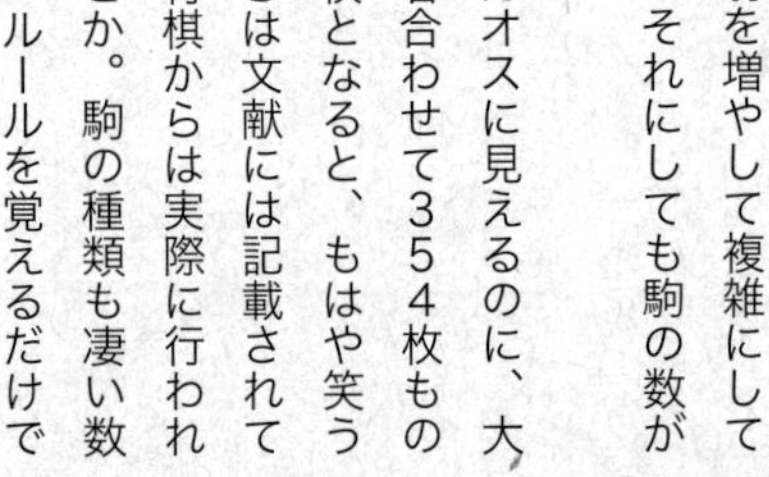

天童市将棋資料館

[住] 山形県天童市本町 1-1-1
[電] 023-653-1690
[時] 09:00 ～ 18:00（入館は閉館30分前迄）
[休] 第3月曜日（第3月曜日が祝日の場合は翌日）
年末年始（12月29日～1月3日）
[料] 大人 320円/高校・学生 210円/小・中学生 100円

関東

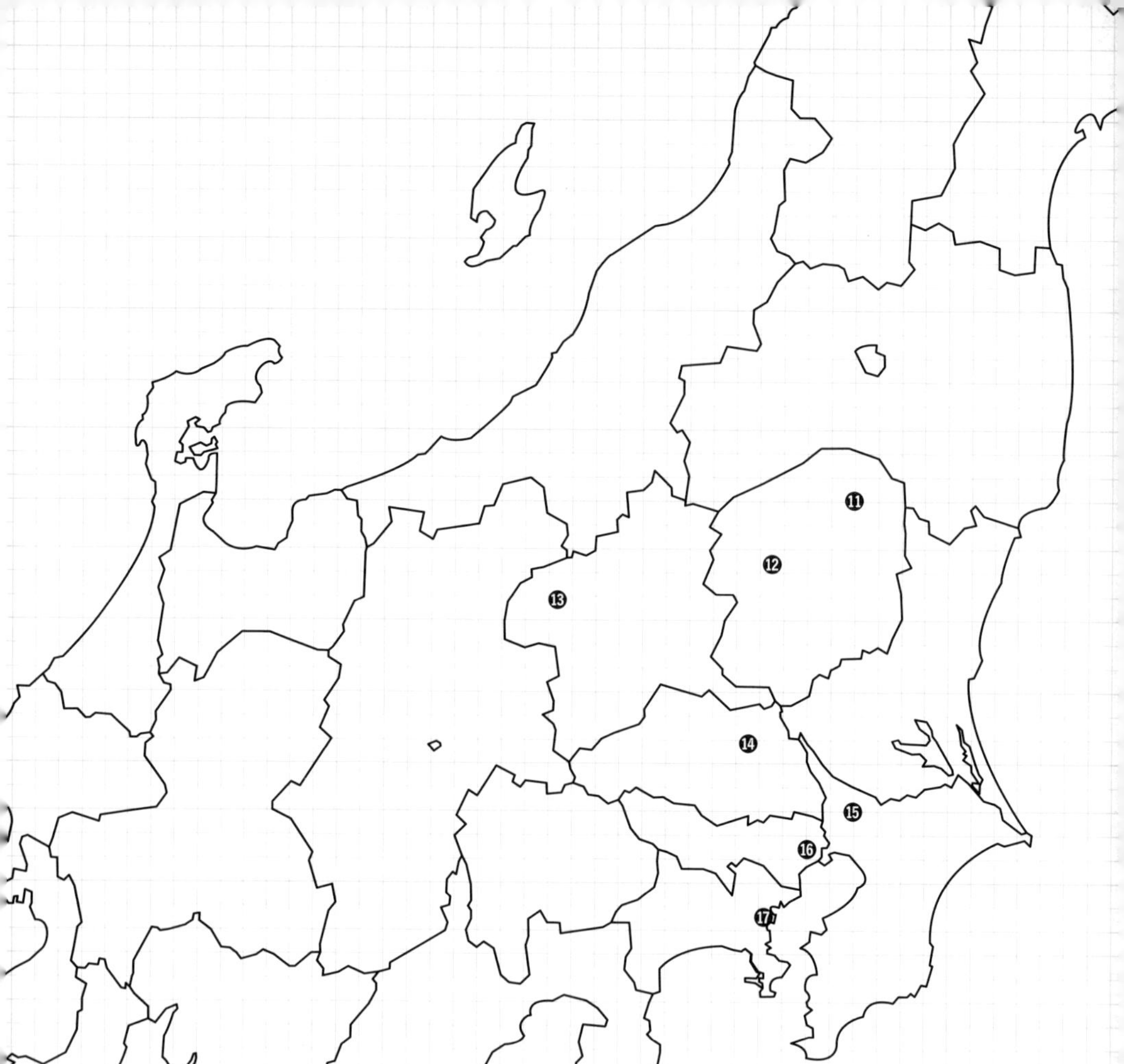

栃木県　⓫大麻博物館

　　　　⓬金谷ホテル歴史館

群馬県　⓭重監房資料館

埼玉県　⓮学校給食歴史館

千葉県　⓯白井そろばん博物館

東京都　⓰都立第五福竜丸展示館

神奈川県　⓱海上保安資料館横浜館

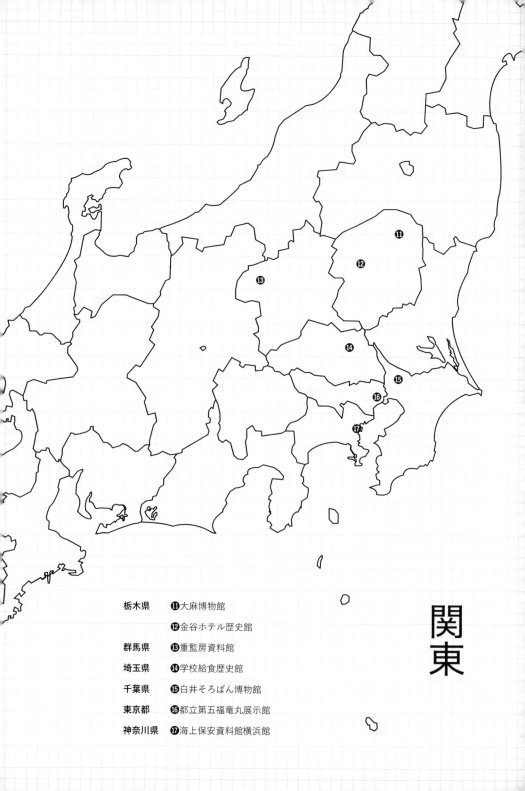

11

大麻博物館

栃木県

実はお米よりも古かった大麻の歴史。身近な大麻の再発見だ！

栃木県の人気観光地である那須高原。牧場や温泉など多くの観光スポットがあるこの地には、〝大麻〟という大変珍しいテーマを扱う「大麻博物館」が存在する。

那須岳山麓へ続く県道17号線から一本入った通りにある、ロッジ風の小さな建物。館内は非常にこじんまりとしており、大麻で作られたブレスレットの小物類や関連書籍など、大麻に関する商品が多数並べられており、さらには、今では貴重な大麻の繊維や精麻も見られる。パッと見は、博物館というよりかは雑貨店のようだ。

大麻と聞くと、「あの危ない植物じゃないの？」「危険な薬物でしょ」というイメージを持たれる方が多いかもしれない。ところが、その歴史を突き詰めてみると、大麻は農作物として、古くから日本人の生活や文化に深く関わっていることがわかるのだ。

1

2

3

4

1.こじんまりとした大麻博物館の館内。木造の建物で、大変心地よい。／**2**.大麻の繊維を一本ずつ繋ぎ合わせた繊維の束“へそ玉”。／**3**.麻の葉文様は、大麻の葉をあしらった図柄。麻の葉の成長の早さにあやかり、子どもの着物によく使われた。魔除けの意味もある。／**4**.七味唐辛子に大麻の種が含まれている。

大麻博物館がある栃木県は昔から大麻の生産量が多く、現在も農作物として大麻を栽培する農家が少なからず残っている。ところが、栃木県のみならず、かつて大麻は日本中のあらゆる場所で生産されていたのだ。成長が早く丈夫であり、魚網や釣り糸などの日用品に限らず、全国に出回っている伊勢神宮の御札は〝神宮大麻〟といわれるように、神社とも深い関わりがある。さらには、相撲も神に捧げる神事であることから、大麻は横綱力士の綱にも使われている。

ところが、より安価な化学繊維や綿が普及してきたことなどが原因で、機械化による大量生産ができないことから、農作物としての大麻は徐々に衰退。そして、どこでも当たり前のように生産されていたことから、誰も危機感を持つことなく、大麻の繊維などの遺物が捨てられていき、長い時間をかけて育まれた独自の文化が失われていったのだ。

小さい頃から農作物としての大麻に強い関心を持っていた館長の高安淳一さん（1963〜）は、その状況を見るに見かね、本業の写真屋を続ける傍ら、その史実を語り継ぐための大麻博物館を2001年に開いた。

　博物館は、高安さんの個人運営ということもあり、非常にアットホームな雰囲気。大麻について事前に知識がなくても問題はない。興味さえあれば、親切丁寧に教えてもらえる。

「大麻ってね、皆が気付いてないだけでいろんな場所に使われているんですよ」と高安さんが語るように、実は今でも、私たちの生活に関わっている。

「阿佐ヶ谷」「多摩川」「麻布」のように地名にも名残りがあるし、七味唐辛子には大麻の種が含まれている。学校の校歌や校章のデザインにも用いられているケースが多いほか、*へそくりの語源だって実は大麻からきているのだ。これだけ関わりがあるということを、館内の展示物を見ながら説明していただけるわけで、本当に貴重な体験ができる。

　とはいえ、昔のように大麻から糸を作れる職人は日本でも僅か10人ほどしかいなく、その平均年齢は80歳以上。高安さんは若い人にその製法を継承しており、史実だけでなく技術をも絶やさぬよう後世へ継いでいる。

　世間一般がイメージする〝危険な薬物〟ではなく、日本に深く根付いた農作物としての大麻の歴史を正しく学べる博物館で、大麻について学んでみてはいかがだろうか。

*へそくりの語源
漢字で書くと「綜麻繰り」。綜麻とはグルグル巻きにした麻糸のこと。昔、お金に困った女性たちが、麻糸を紡ぐ内職でお金を蓄えていたのが由来。

大麻博物館

［住］栃木県那須郡那須町高久乙1-5
［電］0287-62-8093
［時］平日 13:00 〜 18:00
　　 土日祝 11:00 〜 19:00
［休］水曜日・木曜日
［料］無料

1

2

1.麻の葉文様は館内でも所々で見られ、視線を落とすと棚の一部にも取り込まれていた。／**2**.学校の校章のデザインに取り入れられているケースもよくある。みなさんの出身校は、いかがだろうか。

イザベラ・バードも愛したホテルは、侍屋敷と呼ばれていた。

12

金谷ホテル歴史館

栃木県

日本には数あるリゾート地があるが、そのなかでも栃木県日光は、江戸幕府の礎を築いた将軍の霊廟が祀られ、夏の暑さを避けうる高冷地にあることから、古くより避暑地として多くの外国人に愛されるリゾート地だった。

　そのキッカケを作ったのは1862年に通訳生として来日した英国人アーネスト・サトウ。彼は奥日光の美しさに魅せられ、1874年には『A Guide Book to Nikko』を出版。さらに、中禅寺湖南岸に自分の別荘まで建築した。その後外交官を中心に多くの外国人が別荘を建て、明治から大正末期まで中禅寺湖周辺には欧米人の社交界が形成されたのだ。

　そんな日光の発展の礎を築いただけでなく、外国人が宿泊するホテルの草分け的存在だったのが、1873年に開業した「金谷カテッジイン」であり、その歴史を伝えているのが「金谷ホテル歴史館」だ。

　代々東照宮の雅楽師を務める金谷家に生まれ、自らも笙《しょう》を担当する楽人であった金谷善一郎（1852〜1923）は、縁あって、日光へやってきたヘボン式ローマ字の考案者・ヘボン博士を自宅に宿泊させる。やがて、進取の気性に富んでいた善一郎は、ヘボン博士の進言もあり、江戸時代初期に建てられた自宅を改造して外国人専用の宿泊施設である「金谷カテッジイン」を開業。21歳という若さだった。

　まだ外国人を見かけることすら滅多にない時代、善一郎の苦労はいかばかりだったか。しかし、この金谷カテッジインこそが、現在でも日光を代表するホテル「日光金谷ホテル」の前身なのだ。

　建物は江戸時代の建築様式をそのまま残し、宿泊施設にするための増改築も行っている。

　館内には創業当時の生活用品が展示され、建物は廊下を歩く際にギシギシと軋《きし》む音や、太い木材で組まれた天井の梁《はり》、さらに襖に描かれた風景画など、古《いにしえ》の風情が漂う。

　一番面白いと思ったポイントは、ディテールに創意工夫のある迷路のような構造で、忍者屋敷のような造りが見られるところ。二階のとある襖を開ければ、そこは押入れかと思いきや一階に抜けられるようになっていたり、さほど大きくない建物であるのに、階段が七つもある。あらゆる経路が存在することから、始め

長い廊下の硝子戸の先には緑深い庭があり、部屋は襖と畳、さらには床の間まで。まさに和の要素が詰まった建物といえる。

2

1.緑が広がる庭には、水も流れていてとても落ち着く雰囲気。／**2**.館内にいると、時折「コンッ！」って音が聞こえるのだが、その正体がコレ。庭にあるししおどしであり、風情を醸し出している。

は建物の中身を把握するのが極めて難しく、案内するスタッフも、最初は迷ってしまったという。

この武家屋敷に宿泊した外国人は親しみを込めて「SAMURAI HOUSE」と呼び、「金谷侍屋敷」という別名もある。

ヘボン博士の推薦で訪れた旅行家のイザベラ・バードは、後に『日本奥地紀行』で「私は部屋がこんなに美しいものでなければよいのにと思うほどである」と、宿泊施設を好意的に紹介して世界に発信している。なんでも、中二階のイザベラ・バードの通訳が宿泊していた部屋のこたつの炭を入れた金具部分が、階下の部屋（今は喫茶スペースになっている）の天井に突き出ていて、まさに一石二鳥、暖房の役割を果たしていた。

この建物は、２０１４年には国の登録有形文化財に指定され、２０１５年より一般公開が始まった。古き日本を旅した外国人たちをもてなした、かつての宿泊

© Tateho Kitayama

イザベラ・バードの通訳が宿泊した部屋のコタツの金具部分。階下の暖房も兼ねた様子は、今でも見られる。

施設。その役割の大きさを思いながら部屋を巡れば、誰でもタイムトラベラー気分を味わえるだろう。

金谷ホテル歴史館

［住］栃木県日光市本町1-25
［電］0288-50-1873
［時］3～11月 09:30～17:00 / 12～2月 10:00～16:00
いずれも入館は閉館30分前迄
［休］詳細はHPを参照ください
［料］大人 550円/子ども（小学生）275円

あまりに過酷でヒリヒリしてくる！
何故、草津温泉にかくも悲しい施設が存在するのか。

13

重《じゅう》監《かん》房《ぼう》資料館

群馬県

群馬県の草津温泉といえば、日本を代表する観光地といっても差し支えないだろう。シンボルでもある湯畑を中心にたくさんの旅館が軒を連ね、一年中、多くのお客さんが訪れる温泉街となっている。ところが、実はそんな草津温泉から車で数分の場所に、かつて究極の人権侵害が行われた重監房と呼ばれた施設があったことは、あまり知られていない。

その事実を後世に伝えるため「重監房資料館」という博物館は存在する。もう〝重監房〟という名称だけでも、とてつもなく恐ろしい場所だと思ってしまうが、「重監房」とはどのような場所だったのか。

その誕生の背景には、古くから恐れられてきたハンセン病が大きく関わっていた。明治時代には「草津温泉はハンセン病に効能あり」と宣伝されたことから、多くのハンセン病患者が病の回復を願って草津温泉に集まった。しかし、1931年に制定された「らい予防法」などを機に、ハンセン病患者は温泉地のはずれに日本で2番目に誕生した国立療養所「栗生楽泉園」へと隔離されるようになった。

その後、岡山県の長島愛生園で発生した長島事件などを機に、全国のハンセン病療養所から、特に反抗的とされて送り込まれた患者たちを閉じ込める施設が必要となり、寒冷な草津に重監房が誕生したのだ。

資料館のなかに入ると、突然、高さ4・5mにもなる大きな壁が出現する。

重監房があるのは、湯畑からそう遠くない場所だ。それだけに、賑やかな湯畑とのギャップが大変衝撃的だった。

冬は多くの雪が降る草津。監房の周辺は雪が積もり、暖房器具のない部屋のなかも想像を絶する寒さだっただろう。

これは当時の重監房を再現したもので、扉は四重にもなっている厳重な造りだ。各部屋は４・５畳ほどのスペースで、なかは大変薄暗い。部屋には薄い布団と簡単なトイレがあるだけで、食事は僅かに開けられた穴から配給されていた。その食事も、おにぎり一つ分のお米と梅干し、そして具のない味噌汁だけだったという。はっきり言って、人間が生きる部屋とは到底思えない。建物の造りがいかに異様で、ここに収監されていた人たちがいかに想像を絶する暮らしを強いられていたかがわかるのだ。

そして、なんといっても寒さは堪え難かったはずだ。布団は薄く、監房のなかとはいえ気温は外とほとんど変わらない。草津の冬は氷点下20℃にもなる。実際、収監者は冬に亡くなる人が多く、遺体を運び出す時は、布団が床に張り付いていたこともあったそうだ。

この重監房は１９３８年から9年間稼働し、のべ93名の方が収監され23名の方が亡くなった。一番長い人で５４９日もここにいたようだが、よくぞそんな長い間、この場所で暮らしていたと驚かずにはいられない。こんな場所が日本にあったのかと考えるだけで、ゾッとしてしまう。

とはいえ、この重監房に関する記録はほとんど残っておらず、監房内でどのようなことが起こっていたかは多くが謎のままだった。博物館施設にすると決まった時には、ただ重監房の跡地しか残っていなかったのだ。

しかし、２０１３年に跡地の発掘調査をしたことで、建物の一部や収監者がいたことを示す痕跡を発見。発掘で見つかった建物の一部、さらには重監房へ配給をしていた人の証言などをもとに重監房は再現され、発掘調査で見つかった収監者の私物であったガラス瓶、メガネフレーム、梅干しなどを展示している。

とにかく、ここであった話が日常とかけ離れすぎていて、現実に起こったことは信じ難い。犯罪者でもなかった患者たちをこうした監房に閉じ込めていた、まさに人権を無視した出来事が、今も多くの人で賑わう草津温泉のそばにあったことに震撼する。

1

2

1.朝と昼の食事を配給するための小さな窓。必要最低限の大きさしかなく、この監房の異様さがここでも垣間見える。／**2**.配給は、肉も野菜もないあまりにも粗末な食事だった。これでは、とてもじゃないが生き続けられない。

1

2

3

4

1.施設の正式名称は「特別病室」。それがいつしか、重監房と呼ばれるようになった。／ **2**.入り口から各部屋までは、四つもの扉をくぐる必要があった。それだけ、厳重な造りだったのだ。／ **3**.重監房の跡地には、こうしてひっそりと碑が建てられている。／ **4**.監房のなかを覗くと、薄い布団と収監者を模した人形が見える。この人形が実に異様であり､恐怖すら感じる。／ **5**.発掘調査では実際に重監房で使われていた南京錠も見つかっている。まさに、監房という場所を象徴するものだ。

5

重監房資料館

[住] 群馬県吾妻郡草津町大字草津白根464番1533
[電] 0279-88-1550
[時] 通常期間 09:30 ～ 16:00
冬期予約期間 10:00 ～ 15:30
いずれも入館は閉館30分前迄
[休] 月曜日（祝日の場合は翌平日）/国民の祝日の翌日/
館内整理日/年末年始
[料]無料

14

学校給食歴史館

埼玉県

4時間目が終わるのが待ちきれなかった、あの懐かしい給食の時間がここに！

全国の博物館を巡っていると、本当にいろんなテーマを扱った博物館があるなあと思うわけだが、埼玉県北本市には「学校給食歴史館」がある。

小学校や中学校の頃に食べた給食。コッペパン、揚げパン、ソフト麺、冷凍みかんなどなど、今思い返すと「懐かしいな〜」とか「また食べたいな〜」などと思う方が多いのではないだろうか。

2010年7月、埼玉県学校給食会の敷地内に開館したこの博物館は、館内に入ると100年以上にわたる学校給食の歴史を年代別の食品サンプル、さらには年表や写真パネルとともに紹介している。

そのなかでも、とにかく見入ってしまうのが館内にずらりと並べられた食品サンプルだ。給食の発祥は1889年、山形県鶴岡町の大督寺で貧困児童に昼食を無償で提供したのが始まりといわれており、その初めての学校給食から、明治、大正、昭和、平成を経て現代までの給食のサンプルが多数展示されている光景を見れば、学校に通っていたあの頃を思い出さずにはいられない。だって学校に通っていた時、お昼の給食は誰しも楽しみな時間だったはず。

「カレーライスとかスパゲティ、めっちゃお代わりしたな」とか、「野菜苦手だったからサラダは残してた」とか、いろんな思い出が蘇ってくると思う。

明治時代から現代までの給食が展示していることもあり、誰もが「あ〜これ食べたわ」と思うメニューが見つかるはず。とはいえ、給食の種類や献立は地域によって割と異なっていたようで、来館者の会話にも「えっ、自分は牛乳はパック

館内の隅っこにさりげなく並べられた、懐かしき椅子と机の数々。思わず座りたくなってしまう。

だったけど、ビンだった?」とか、「このソフト麺は食べたことないわ」という会話が聞こえてくる。

そして、これらのサンプル、あの懐かしい味を思い出して思わず食べたくなってしまうほど、本物そっくり。なかには間違えて食べようとした人もいたそうで、それは我慢していただきたい(笑)

また、食品サンプルを見ると、懐かしさだけでなく給食の歴史を垣間見ることもできる。戦後のメニューにあったクジラの竜田揚げがあったり、牛乳においても、脱脂粉乳から、ビン牛乳、紙パックの牛乳に変遷している様子も見てとれる。

もう一つ注目したいのが、食器。ネズミ色のアルマイトや白のプラスティックなど色や形を見れば、自分が食べた給食の容器もきっと見つかるはずだ。メニューだけではなく、容器を見るだけでも懐かしさが蘇ってくるからここも見逃さずに。

館内に、ずらっと並べられた給食の食品サンプル。あの懐かしい小学校・中学校の頃を思い出さずにはいられない。

昭和40年（1965）
給食の定番ともいえるソフト麺。麺が余ると、男子が争奪戦を繰り広げていたのが懐かしい。

明治22年（1889）
おにぎり二つ分のお米と、塩鮭、菜の漬物。学校給食は、こうしたメニューから始まっている。

昭和56年（1981）
昭和のメニューにあった、いわしのチーズ焼き。私は食べたことなかったが、平成にもあったのだろうか。

昭和27年（1952）
この時代では安価で貴重なタンパク源だったクジラ肉を使った料理が登場。

1

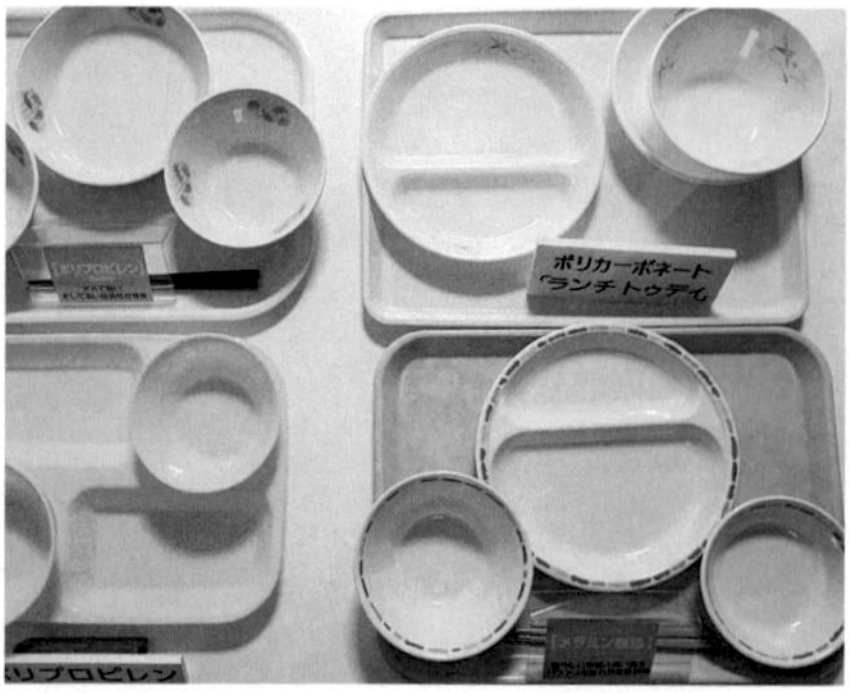

2

1.ポリプロピレンやポリカーボネートの食器は、若い人でも見覚えある方は多いのではないだろうか。／**2**.ネズミ色をしたアルマイト製食器は戦後に使われた食器。年配の方からしたら、とても懐かしいものではないだろうか。

平成3年（1991）
確かに、五目ご飯にデザートは女子の人気メニュー。焼きのりが付いてたなんてこともあったな〜。

平成12年（2000）
今考えると、たくさんの野菜が取り入れられ栄養バランスにも優れた給食を食べられたことがなんと幸せだったことか。

令和元年（2019）
地産地消をテーマに、埼玉産の野菜が用いられたメニュー。

平成元年（1989）
平成元年頃から実施されるようになったバイキング給食。「自ら考え食べようとする給食」という取り組みとのこと。

学校給食歴史館は、元々書庫だった建物を「学校給食をもっと多くの方に見てもらおう」ということから資料などを集めて博物館にしたとのことだ。しかし、本当にオリジナリティある博物館。まさか、給食の博物館が埼玉県にあるとはね。

博物館は学ぶ要素が多い場所が多かったりするが、この博物館は何も難しく考える必要はない。食品サンプルの展示を見るだけで十分楽しむことができるのだから。

学校給食歴史館

［住］埼玉県北本市朝日2丁目288番地
［電］048-592-2115
［時］09:00 〜 16:00
［休］土日祝／年末年始（12/29 〜 1/3）
夏期（8月13・14・15日）
［料］無料

今やインテリアにだってなってしまう、そろばんってなんて自由なんだ！

15 白井そろばん博物館 千葉県

「読み書きそろばん」という言葉があるように、かつては庶民の生活に必要とされていたそろばん。電卓などの普及で、その実務価値がなくなってきことから最近は見かけなくなってしまったものの、右脳の活性化、集中力、記憶力アップ、さらには人間形成にも影響を与えるなど、再びそろばんの効果が見直されているらしい。

　千葉県白井市には、そんなそろばんを扱った「白井そろばん博物館」がある。

　二階建ての館内は、一階と二階、ともにたくさんの、そして非常に珍しいそろばんが並べられている。折り曲げられるそろばんや扇型のそろばん、さらにはどうやって作られたのか不明なそろばんなど、普段見ることのないものがあれば、形だけでなく色だって非常にカラフルなものも多い。さらには小気味良く弾く珠に目を向けてみると、椰子、樺、竹など様々な素材が使われていることがわかる。

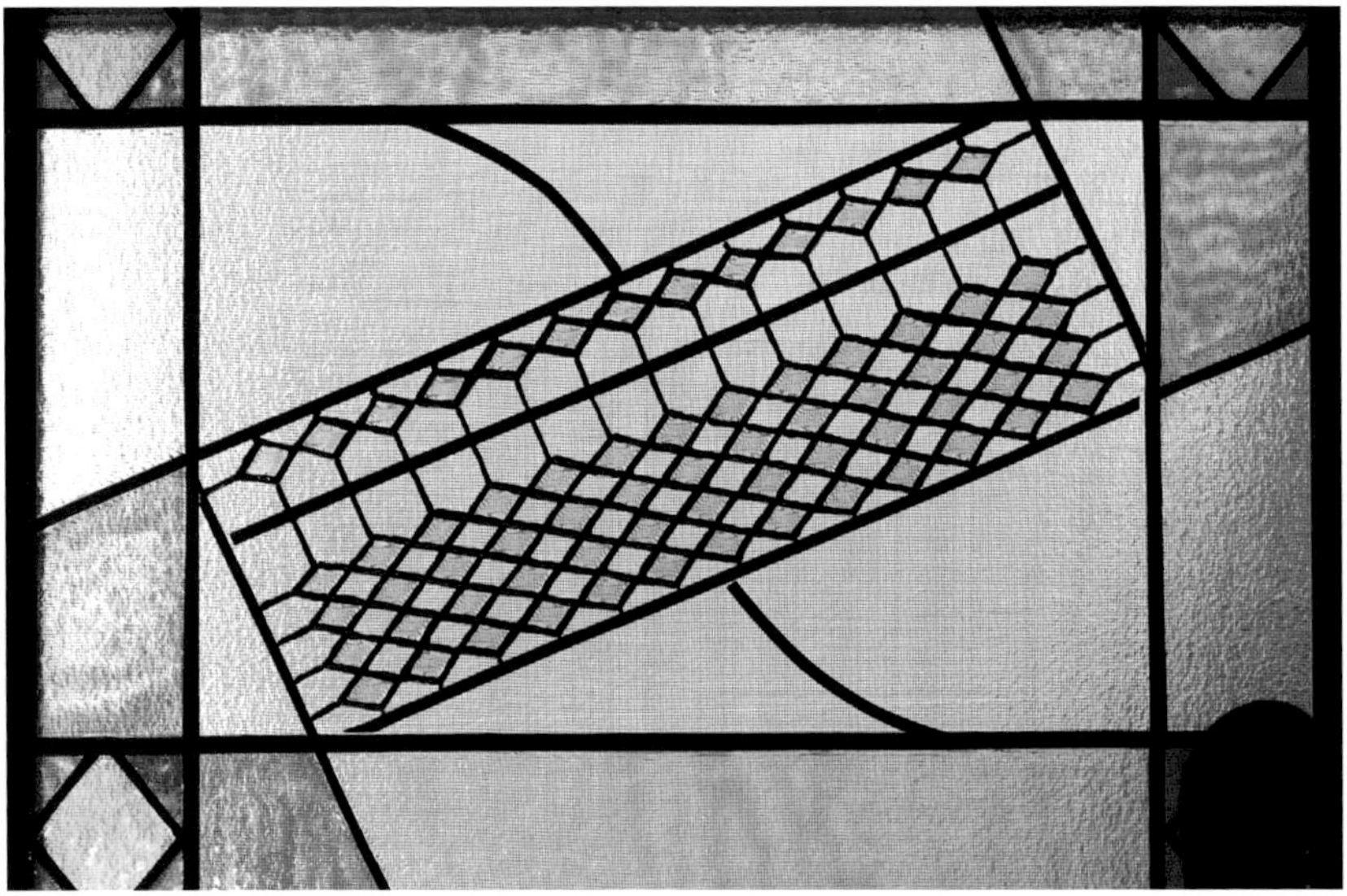

日本のみならず海外のそろばんまでそろっていて、一つ一つ見ていると、飽きることはないだろう。
　そして、そろばんはもちろん計算するためのものだが、館内に展示されているそろばんは、それにとどまっていない。筆立てなどの実用品、はたまた装飾品として、実に多岐にわたっている。「刀剣だって、今は本来の使われ方ではなく、装飾品として重宝されていますよね」と石戸館長がおっしゃるように、そろばんは計算機という役割にとどまらないのだ。
　館内には棚に展示してあるだけでなく、いろんな場所にそろばんが隠されているのも面白いポイント。良〜く館内を見渡してみると、ステンドグラスだったり、照明や暖簾《のれん》にまでそろばんが用いられていて、隅々に、館長のそろばん愛が感じられるのだ。
　そんな白井そろばん博物館が開館したのは2011年の時。館長である石戸謙

そろばんは計算という用途だけでなく、様々なものに応用できる。照明にまでそろばんが使われているところが実に面白い。館長のそろばん愛がひしひしと伝わってくる。

一さん（1949〜）は、高校生の時にそろばんの競技選手だったように小さい頃からそろばんに携わっていたことから、大学入学と同時にそろばん塾を起業。計算機の普及などでそろばん業界が厳しいなかでも、会社を存続させるだけでなく拡大させ続けた。ところが、子育ても落ち着き会社も軌道に乗ったことから、第二の人生を考えた時に「業界の応援もでき、自分の性格にも合っていて、地域にも貢献できる」ことを満たす方法を考え、そろばんの博物館を開館するに至ったのだ。

　博物館の喫茶ルームは、様々な用途に活用されており、そろばん塾の先生を育成するための研修が行われることもあれば、地元の子が本を読みにもやってくることも。地域の憩いの場として活用されることもある。博物館本来の役割以外にも様々な用途に活用され、そろばん業界や地域への貢献に役立っているのだ。

　そう、博物館は展示物を鑑賞する場に限る必要はない。白井そろばん博物館は、ユニークな展示物がありつつも、そうした新たな博物館の可能性を示してくれている。

館長の石戸謙一さん。

白井そろばん博物館

［住］千葉県白井市復1459-12
［電］047-492-8890
［時］10:00 〜 16:00
［休］月曜日、火曜日
（月・火が祝日の場合は開館）
［料］大人 300円/学生 200円/幼児 無料

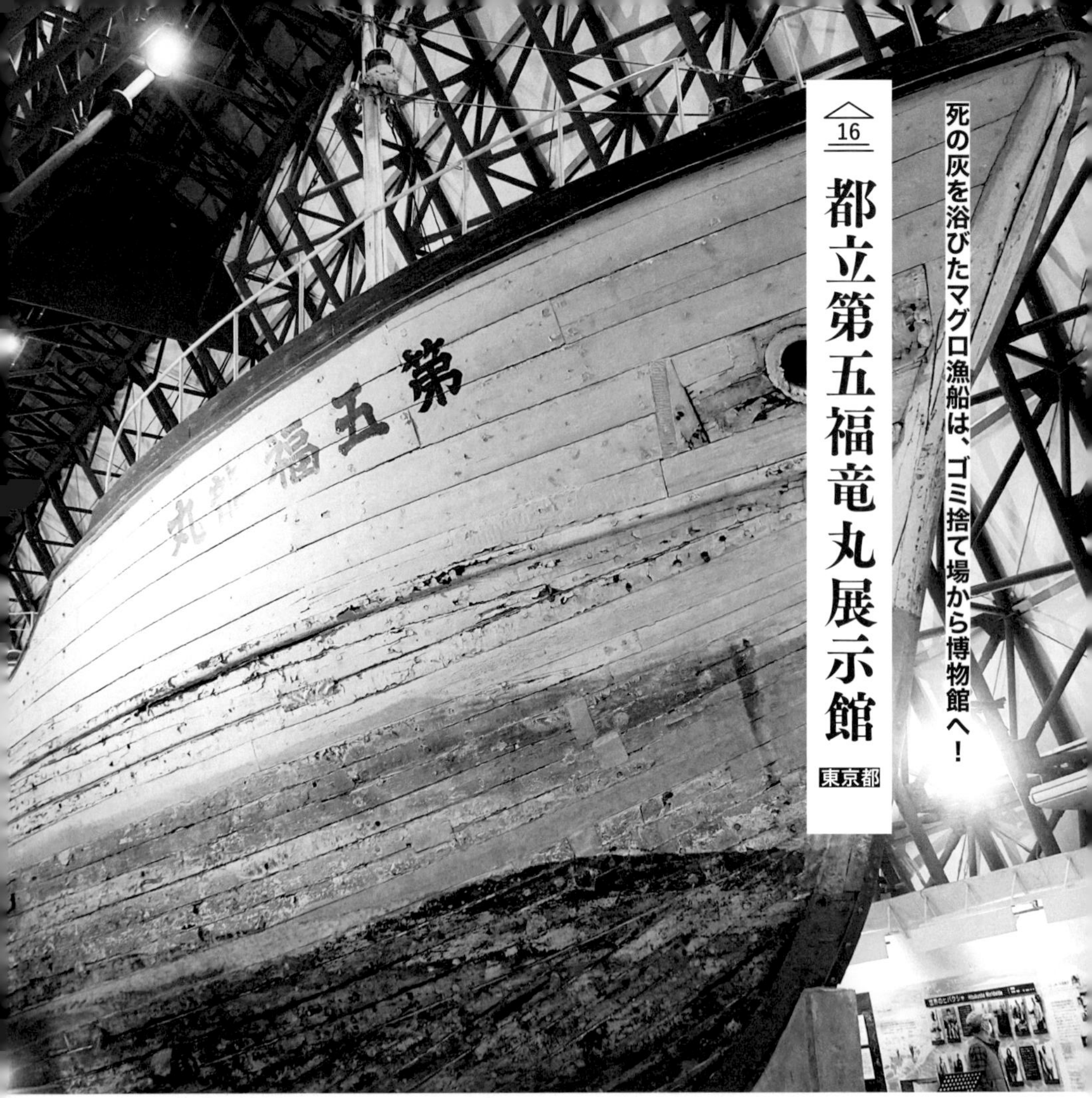

16

都立第五福竜丸展示館

死の灰を浴びたマグロ漁船は、ゴミ捨て場から博物館へ！

東京都

放射線被ばくというテーマを聞くと、広島、長崎、さらには福島などを思い浮かべる方が多いのではないだろうか。ところがもう一つ、アメリカの水爆実験により第五福竜丸が被ばくした事件があったこと、そして、その史実を語り継ぐ博物館が東京にあることはあまり知られていない。

博物館があるのは東京の新木場。たくさんのBBQ場があるほか、東京ディズニーランドへの乗り換え地として多くの若者が利用する場所だ。駅から程近い夢の島公園に入ると、巨大な三角形のいびつな建物が現れるのだが、これが、1976年に開館した「都立第五福竜丸展示館」だ。

館内に入ると、高さ15m、全長30mにもなる巨大な木造船「第五福竜丸」が現れる。復元した模型だと思う人もいるそうだが、紛れもなく本物だ。間近で見られることもあり、建物に目一杯収まる様

展示館にドカンと展示されている第五福竜丸。様々な経緯を経て、この場所に展示されることとなった。

子は大変雄大で、迫力さえ感じられる。その第五福竜丸を中心に、関連する史実を紹介したパネルや事件に関わる資料が周囲に展示されている。

1954年3月、国連信託統治領だったマーシャル諸島ビキニ環礁で行われた水爆「ブラボー」の実験により、たまたま爆心地の近くで操業していた遠洋マグロ漁船「第五福竜丸」が、強い放射能を帯びたサンゴ片の「死の灰」を浴びることとなった。

第五福竜丸に搭乗していた23名の乗組員は全員が被ばくすることとなり、収穫したマグロも強い放射線で汚染され一部は東京の築地に廃棄された。被ばくから半年が経った9月には、無線長だった久保山愛吉さん（1914〜1954）が「原水爆の被害者はわたしを最後にしてほしい」との言葉を残し、40歳の若さで亡くなっている。

さらに、乗組員の方々は事件後も被ば

くによる差別や偏見を受けることになる。

マーシャル諸島では放射能汚染により現在でも故郷に帰れない島民もいて、事件後もその影響は深刻だ。

そのため展示内容は、放射線被ばくという観点だけでなく、海の安全、環境問題、人権問題など、切り口は多岐にわたる。来館者のなかには、ただじっと展示物を眺める人がいれば、家族づれでやってきた親が子どもに事件の背景を説明していたりする様子も見られる。

教科書で習った第五福竜丸が博物館に展示されていると知る人は少なく、特に東京周辺に暮らす方であれば「身近な場所にこんな史実を扱った博物館があったとは」と驚く方も多いだろう。

ちなみに、この船は元々不法放置として夢の島に捨てられていたという。最初は1947年に和歌山県で竣工し、カツオ漁船「第七事代丸」として神奈川県の三崎で使われたのち、遠洋マグロ漁船「第五福竜丸」として改造され静岡県の焼津で使われていた。そして被ばくをした後は、放射能検査後に実習航海用の練習船「はやぶさ丸」として使われ、その後、廃船処分となり夢の島に捨てられたのだ。

しかし、市民によって保存運動が行われ、最終的には東京都が汲み上げる形で夢の島に展示されることになった。そのような様々な役割を経ていることから、実はこの船が第五福竜丸として稼働していたのは70年以上の歴史のなかで僅か10か月だけなのだ。夢の島に捨てられ、第五福竜丸の史実が闇に葬られるところを、様々な巡り合わせがあって展示してあると考えると、実に感慨深い。

数奇な運命を歩みながらも、縁もゆかりもなかった東京に展示されているのは、この船が人類史的にも非常に重要だからなのだ。

展示では白く塗られているが、この船が第五福竜丸だったときは灰色と赤色に仕立てられていたようだ。

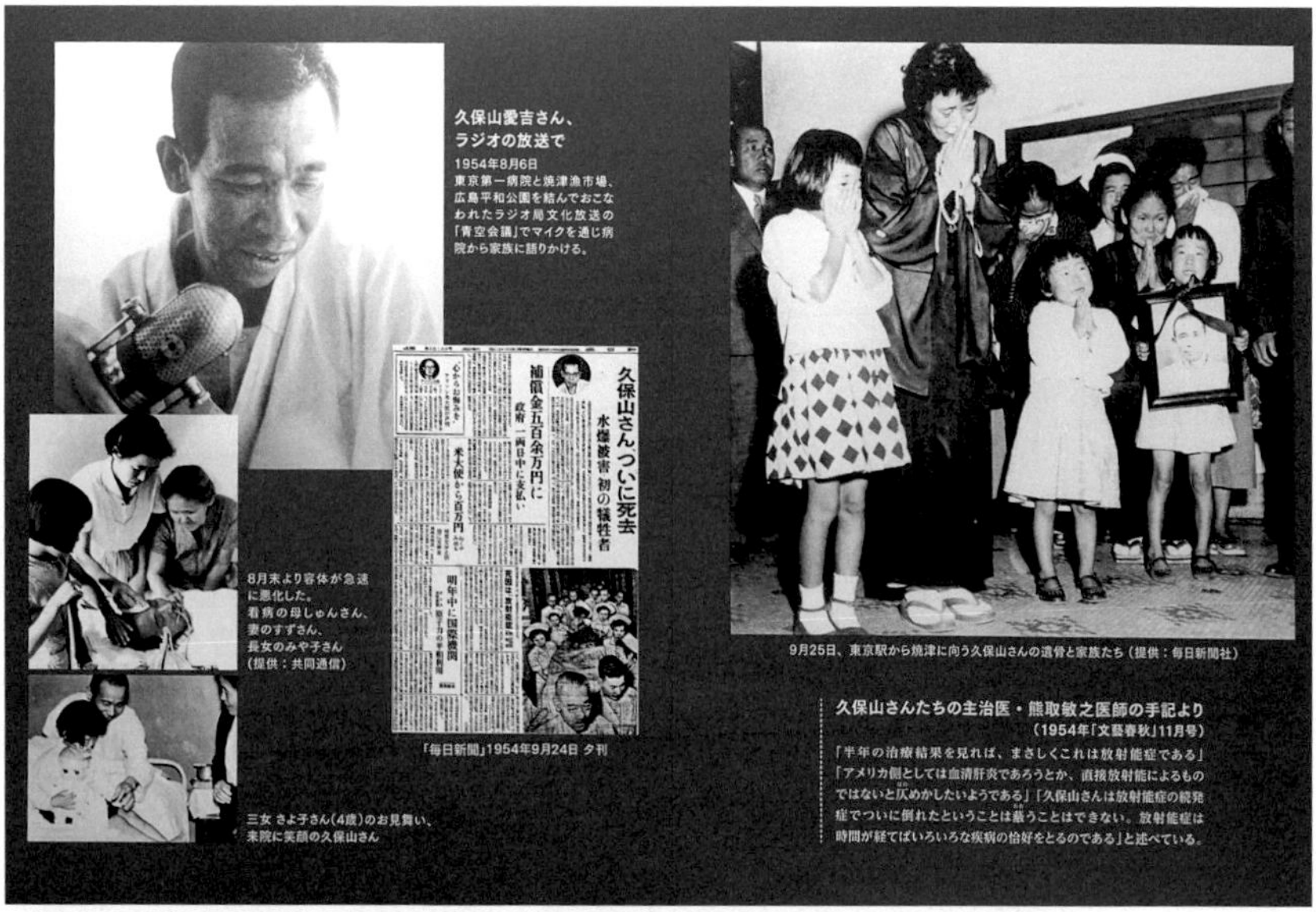
久保山愛吉さん、
ラジオの放送で
1954年8月6日
東京第一病院と焼津漁市場、広島平和公園を結んでおこなわれたラジオ局文化放送の「青空会議」でマイクを通じ病院から家族に語りかける。
久保山さんついに死去
水爆被害 初の犠牲者
補償金五百余万円に
政府 一両日中に支払い
米大使から百万円
明年中に国際機関
「毎日新聞」1954年9月24日 夕刊
8月末より容体が急速に悪化した。
看病の母しゅんさん、
妻のすずさん、
長女のみや子さん
（提供：共同通信）
三女 さよ子さん（4歳）のお見舞い、
来院に笑顔の久保山さん
9月25日、東京駅から焼津に向う久保山さんの遺骨と家族たち（提供：毎日新聞社）
久保山さんたちの主治医・熊取敏之医師の手記より
（1954年「文藝春秋」11月号）
「半年の治療結果を見れば、まさしくこれは放射能症である」「アメリカ側としては血清肝炎であろうとか、直接放射能によるものではないと仄めかしたいようである」「久保山さんは放射能症の続発症でついに倒れたということは蔽うことはできない。放射能症は時間が経てばいろいろな疾病の恰好をとるのである」と述べている。

大漁
祝
第五
福龍丸
深澤

被ばくから半年後に亡くなることとなった船員の久保山愛吉さん。当時は多くの国民が悲しみに暮れたそうだ。

14
SUNDAY
日曜日

都立第五福竜丸展示館

［住］東京都江東区夢の島2丁目1-1
［電］03-3521-8494
［時］09:30～16:00
［休］月曜日（祝日の場合は翌平日）
［料］無料

実際に第五福竜丸に降り注いだ「死の灰」。この灰により、乗組員の方は放射能被ばくすることになったのだ。

第五福竜丸の船内にあったカレンダー。日付は、死の灰を浴びた後、焼津に帰還した3月14日のままだ……。

1

2

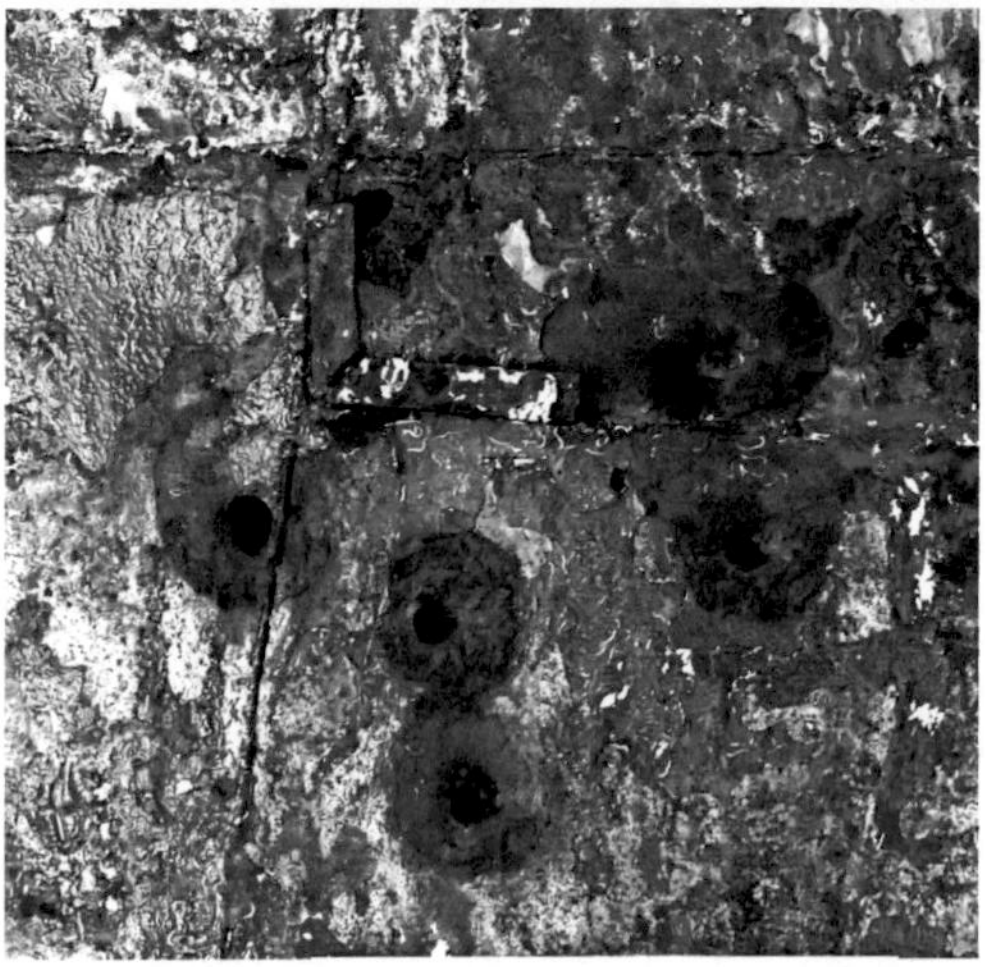

1.館内にまるごと展示されている北朝鮮の工作船。周囲が錆び付いており、見た目も異様で存在感半端ない。／**2**.海上保安庁の威嚇射撃による弾痕。さらに、船名などを偽装するためにプレートをはめ込む跡が残っているがお分かりだろうか。／**3**.工作船の後部には、小型船を搭載するためのスペースが見られる。

17

海上保安資料館横浜館

神奈川県

凄いギャップ！　横浜のデートスポットには、ひっそりと北朝鮮工作船が展示されていた！

横浜の〝みなとみらい〟といえば、赤レンガ倉庫や山下公園があり夜景も綺麗であることから、デートスポットというイメージが強い場所ではないだろうか。そんなみなとみらいには、なんと北朝鮮の工作船がまるごと展示されている衝撃的な資料館がある。

それは、赤レンガ倉庫から歩いてすぐの場所にある「海上保安資料館横浜館」。なかに入ると、いきなり目の前に北朝鮮の工作船が現れる。船の周囲は錆び付いており、何より無数の弾痕が大変痛々しい。

「何故こんな船がここに展示されているのか」と思うわけだが、この船は2001年12月22日に日本の排他的経済水域に進入してきた中国漁船を装った北朝鮮の工作船。海上保安庁の停止命令に背いて逃走を図ったため海上保安庁によ

3

る威嚇射撃が行われ、さらなる逃走を防止するために巡視船が接近すると、突然、工作船は自動小銃やロケットランチャーなどで巡視船を攻撃。その後、工作船の乗組員が捉えられることを恐れたからか、自爆と推定される爆発を起こして海底に沈んだというのが一連の流れとなる。

この船は、以前はお台場の船の科学館に展示されていたが、工作船事件を契機として海上警備の現状を広く知ってもらう、今の場所に展示されている。この辺りは観光スポットが近くにあり、入館料が無料ということもあり、一日には平均で750人近い方が訪れるそうだ。

館内は中心に置かれている工作船の周囲をぐるっと回れるようになっており、工作船に収められていた小型船、さらにはロケットランチャーや自動小銃、小型船に備わっていた自爆スイッチ、船員たちの食料だったと思われる缶詰などなど、よそではそうそう見ることができない品々が展示されている。

ささっと見ると10~20分くらいで見終わってしまうものの、工作船をよく見ると色んな発見があるのだ。「中国漁船に偽装していた痕跡」「より早く逃走できるように軽さを重視することから船の造りが薄くなっている」「浸水防止のため、貫通した穴に、ももひきらしき物を詰め込んでいた痕跡」などなど。

さらに、館内では海上保安庁と工作船が交戦する様子を収めた映像も放映されていて、これはぜひ見てほしい。本当に映画のような映像。とはいえ、私はこの頃中学生だったためこの事件の記憶は全くないのだが、僅か20年前にこんな事件が起こっていたとは本当に驚いた。

今まで何百もの博物館を訪問してきたものの、こんな異様な工作船が展示されている博物館は本当に唯一無二。

みなとみらいに行ったら、こんなユニークな博物館はいかがだろうか。

1

2

3

1.実際に相手が撃ったロケットランチャー。撃ったものの、当たらなかったようだ。／**2**.小型船の自爆スイッチ。工作船も爆破した痕跡が残っているので、同じようなスイッチがあったと思われる。／**3**.金日成のバッジもあったようだ。乗組員たちが身に着けていたのだろうか。

海上保安資料館横浜館

[住] 神奈川県横浜市中区新港1-2-1
[電] 045-662-1185
[時] 10:00～17:00（入館は閉館30分前迄）
[休] 月曜日（休日の場合は翌平日）/年末年始（12/29～1/3）
[料] 無料

北陸

新潟県　⓲錦鯉の里

富山県　⓳氷見昭和館

⓴南砺バットミュージアム

石川県　㉑金沢蓄音器館

㉒日本自動車博物館

㉓深田久弥 山の文化館

福井県　㉔人道の港 敦賀ムゼウム

イロコイ沙汰におぼれてみないか。ここはコイする博物館だ。

18

錦鯉の里

新潟県

全国にある博物館には特定の生き物を扱う場所が結構多いが、新潟県小千谷市には、この地が錦鯉発祥の地ということで、1989年にオープンした博物館「錦鯉の里」がある。

ここには300匹を超える巨大錦鯉たちが優雅に泳ぐ姿を鑑賞できるほか、パネル展示も行っており、錦鯉のことなら何でも学ぶことができる。とにかくこれだけの数の錦鯉を鑑賞できるのは日本でもここだけ。

そもそも錦鯉とは、「色や斑紋があって、観賞用に飼育する鯉の総称」だ。錦鯉が世に出たのは今から200年ほど前とのこと。小千谷では、近くの山間の場所は雪が多く冬は食べ物の調達が難しかったことから、山の湧き水を利用した池を作り食用として鯉を飼育していた。そう、元々は食用だったのだ。

そうした鯉のなかから突然変異で色の変わった鯉が出たことから、当時の村人が様々な鯉を交配させていろいろな色や模様の鯉を増やしていったことが錦鯉誕生のキッカケになったらしい。そして日本中に知れ渡ったのは、今から100年以上昔に開催された、1914年の東京大正博覧会に出品したことから。

赤と白だけの簡素で明快な配色の「紅白」、紅白の柄に墨の斑紋を載せた「大正三色」、黒色の地肌に赤と白の模様を持つ豪快な模様が魅力の「昭和三色」という錦鯉を代表する品種をはじめ、様々

1

2

1.100円で鯉の餌が買えるから、餌やりもぜひ。入れ物のコーンも餌になるから、ちぎって投げ入れよう。／**2**.一番の見所である巨大水槽。錦鯉が泳ぐ姿は実に美しく、いつまでも見ていられる。

な色や模様をする錦鯉があることから、11月頃には全国の各県で品評会も行われている。今では日本のみならず、世界中にも愛好家がいる人気っぷりだ。

錦鯉の里では、そんな錦鯉の歴史や品種に関する展示があるほか、１１０匹もの錦鯉が泳ぐ巨大水槽があり、日本庭園となっている屋外にも、２００匹もの巨大錦鯉が泳いでいる。ただし、雪の時期は屋外の鯉も巨大水槽に移される。

また、鑑賞するだけでなく餌を購入して餌やりもできるから、これはぜひやってみてほしい。

巨大水槽の錦鯉たちは、人がやってくると餌を与えてくれる存在とインプットされているから、動いても動いても近づいてくるのが面白い。そしていざ餌を与えれば、目の前で凄まじい争奪戦が繰り広げられるのだ。なかには体長が1メートルになるものもいるから、錦鯉たちが奪い合う光景は結構壮絶。

巨大水槽は本当に見応えがあって、色鮮やかなたくさんの巨大錦鯉が泳ぐ姿は迫力があるだけでなく、見ているだけで癒される。たくさんの数が泳いでいるため、綺麗な模様や珍しい配色の錦鯉などを探してみるのも楽しい。何はともあれ、泳ぐ錦鯉をぼーっと見ていると、あっという間に時間が経ってしまうから、そこは要注意だ。

錦鯉の里

[住] 新潟県小千谷市城内1丁目8番22号
[電] 0258-83-2233
[時] 3月～11月 09:00～18:00
12月～2月 09:00～17:00
[休] 12月29日～1月3日
[料] 大人 520円/小・中学生 310円/学齢に達しない者 無料

コレクションの資金源は何かって？
副業だよ副業、2万人の似顔絵を描いて儲けたのさ！

19

氷見昭和館

富山県

突然だが、近ごろは〝副業〟という言葉をいろんなところで聞くようになったと思う。2018年は副業元年ともいわれたし、「副収入があればもっと生活に余裕ができるんだけどな～」と、多くの人が思っている昨今。そこで今回紹介するのが、副業が大きなキーとなる富山県氷見市にある「氷見昭和館」だ。ここは、館長である苦楽多みきよしさん（1951〜）が、16年にわたってコレクションしてきた昭和レトロな品々が展示されている。

館内に入れば、そこはマジで昭和。大の大人が思わず「おお〜〜」と驚きの声を上げるほど古き良き世界が広がっている。駄菓子屋、たばこ屋、食堂、おもちゃ屋、理髪店など20もの昔懐かしいお店が連なる商店街が再現されているほか、インベーダーゲームやジュークボックスなどなど、今ではそうそう見られない品々が所狭しと並べられている。

これだけたくさんのコレクションが並んでいると、高価なものはどれかって気になるわけだが、それは車のプラモデルコーナーに展示されている品々だ。一台平均20万円ほどの価値になるらしい。それが500台近くあるため、ここだけで一億円もの価値になる！

苦楽多さんがコレクションを始めたきっかけは53歳の時。穴の開いてない五円玉を見た時、懐かしい昭和の品をコレクションすることに目覚めたんだとか。

せっかくなので私の似顔絵も描いてもらうことに。会話をしながらもスラスラと筆を進める苦楽多さん。

こちらは家電屋さん。街頭に並べられているテレビが時代を感じる！

1

2

3

4

5

1.「懐かしい〜」と声をあげてしまうほど、リアルに昭和を再現。昔はこんなたばこ屋さんが、街の至るところにあったんだよな。／**2**.昔は小遣いを持ってこんな駄菓子屋さんに行ったよな〜。奥から、お店のおばあちゃんが出てきそうだ。／**3**.「ここから撮るといいよ！」と苦楽多さんから勧めていただいた一枚。奥には、昔よく見たホーロー看板がたくさん！／**4**.これこそが、苦楽多さんをコレクションの虜にした原点である五円玉だ。人生、何がキッカケになるかわからないものだ。／**5**.一から自前で組み立てられたフルスクラッチを含む500台近いプラモデル。レアものが並ぶだけあって、総額１億円も納得。

1

2

3

4

5

1.街中で見かけた懐かしいものが、きっとここで見つかるはずだ。／**2**.「サトちゃんの乗り物、みなさんも小さい頃に乗りませんでしたか？これも、お金を入れると動くのだ。／**3**.鑑賞の合間には、館内の喫茶スペースでゆっくりできる／**4**.どのお店も、本当に営業してそうなほどリアルさがある。／**5**.狭い路地の両側に立ち並ぶお店がいい雰囲気。こりゃ大人も童心に帰っちゃいますわ。

まさに、五円によるご縁。そしてその資金源は、独学で習得した似顔絵描きの副業というのだからビックリ！

現在は既に定年退職の身である苦楽多さん。40歳の時に、上司の横顔が面白く、描いてみようと思い立ったのが似顔絵描きの原点。そこから10年はブランクがあり、50歳の時に自分の似顔絵を入れた名刺を作成したところ、市長を始めいろんな方から「自分の名刺にも描いてほしい」と要望が殺到。ご本人曰く、そのおかげで課長に昇進できたらしい（笑）。

そんな特技を身に付けたことで、53歳の時から似顔絵で収入を得てはヤフオクなどのオークションサイトでコレクションを増やしていった。気付けば、描いた似顔絵の枚数は2万枚以上。時には古いお店を訪ね歩き、老舗だった食堂の道具類を引き取ったり、氷見市で一番の老舗だったおもちゃ屋さんから、店の商品すべてを引き取ったなんてこともあった。

そんな収集活動を続け、自身の退職金を投じて購入した倉庫を用いて、定年退職直後の2011年4月29日の昭和の日に氷見昭和館をオープンさせた。

博物館では昭和レトロな品々を眺めるだけでなく似顔絵コーナーもあり、ここで筆をとるのも苦楽多さん。有料ではあるが、似てなければ無料だ（笑）。プロであるため腕前は確かなのだが、本人曰く「日本で二番目に上手い似顔絵師」らしい。

昭和レトロな品を集める博物館は全国にいくつかあるものの、似顔絵を描いてもらうことを通して苦楽多さんと交流できたりと、ここはとてもフレンドリーなのだ。コレクションについて尋ねると、本当に子どものように目を輝かせて解説してくれる。

そんな氷見昭和館、実は平成館、令和館の建物もあるなど、コレクションはこの昭和館にとどまらない。苦楽多さんのコレクションは、いったいどこまで増え続けるのだろうか。これからの苦楽多さんの動向に目が離せないぞ！

氷見昭和館

［住］富山県氷見市柳田526-1
［電］0766-91-4000
［時］09:00～18:00（入館は閉館60分前迄）
［休］火・水・木曜日（祝日の場合は開館）
［料］高校生以上 600円/中学生以下 400円/乳児無料（未歩行）

バットを握ったら、喜びをかっとばせ！ そいつがここのセオリーさ。

20

南砺バットミュージアム

富山県

木製バットの生産が日本一の富山県南砺市には、プロ野球界のスーパースター王貞治も訪れた「南砺バットミュージアム」がある。南砺市の商店街に佇むこの博物館は、「嶋や酒店」という酒屋さんが個人で運営しており、入館する場合は酒屋さんに声をかけて入館するシステム。そう、普段は無人なのだ。

そんなB級感が漂う博物館ではあるが、館内には600本ものバットが並べられた驚きの光景が広がっている。そしてこれらのバットは、誰もが知る名選手たちが実際の試合で使ったものばかり。

それぞれのバットには選手の名が書かれたタグが付けられており、誰のバットかすぐにわかるようになっている。これはグリップに彫られている番号などから、館長である嶋信一さんが一年半かけて調べ上げた努力の成果なのだ。

それでは、誰のバットがあるのかが気になるところだが、現役の選手は鈴木誠也と中田翔くらいで、他は既に引退した名選手ばかり。だから家族づれが来ると、親の方がテンションが上がるらしい。

館内にあるバットのなかでスター級の選手を挙げると、王、長嶋、イチロー、落合、バース、掛布、岡田選手など。30代前半の私からすると、駒田や今岡、鈴木尚典などがドストライク。バットを見ながら「あ〜この選手いたな〜」と、昔の記憶が走馬灯のように蘇ってくることも、野球ファンにはたまらないはず。

ずらりと並べられた木製バット。これだけバットが並ぶ光景を見れるのもここだけだろう

そして館内にあるバットは、「プロの選手がどんなバットを使っているか実際に触ってほしい」という嶋さんの想いから、実際に触って素振りもできる。他の博物館だとケース内展示が普通だが、触れることができるのはここだけの特権。

嶋さんからは、様々なバットの話を伺った。そもそもバットの素材はアオダモという木が主で、適度な硬さとしなやかさを備えているという。高級素材で、折れたバットは割り箸やスマホスタンドに再利用される。また、スイッチヒッターのなかには、右打席と左打席でバットを使い分ける選手がいたり、一年で使用する50本ほどのバットは選手の自腹で、バットだけで50~60万くらいかかるため2軍、3軍の選手にとっては痛い出費となるなど、興味深い話は尽きない。

嶋さんが所有しているバットは全部で1300本。ここに展示されているだけでなく、さらに700本も所持。それらをどうやって集めたのかというと、南砺市でバットを広めた波多製作所から、工場閉鎖時、倉庫に眠っていたバットを買い取ったことが背景にあるようだ。

博物館のスペースは、商店街の方が「街に人を呼ぶために活用してほしい」と、場所を提供してくれ、2012年2月に開くことができた。近所の子どもたちがやってくることもあるが、お客さんの8割は県外の方。野球好きの方が多いのはもちろんで、なかには広島県や宮城県から日帰りでやって来る熱心な人もいるという。「いろんなお客さんと会話しながらバットを紹介するのが楽しい」と語る嶋さん。バット愛あふれる館長が運営する、プレイフルな博物館なのだ。

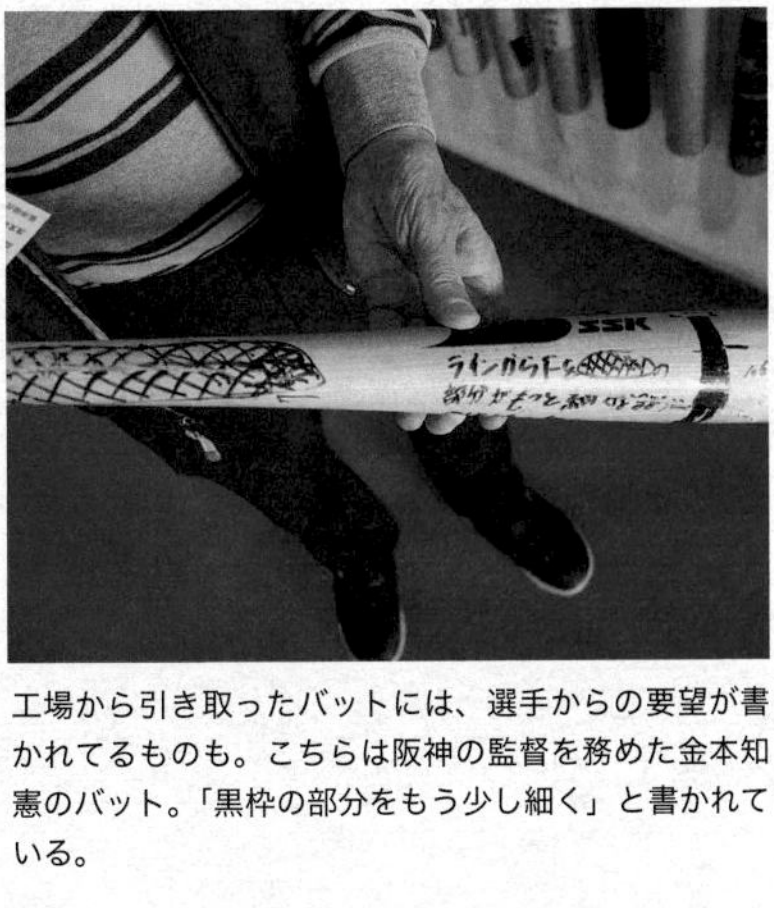

工場から引き取ったバットには、選手からの要望が書かれてるものも。こちらは阪神の監督を務めた金本知憲のバット。「黒枠の部分をもう少し細く」と書かれている。

南砺バットミュージアム

[住] 富山県南砺市福光6754
[電] 0763-52-0576
[時] 10:00～17:00
[休] 水曜日（祝日の場合は開館）/年末年始
[料] 大人 500円/子ども 200円（小中学生）

SP盤に針を落として、さあ、古き良き時代の音色の再発見だ！

21

金沢蓄音器館

石川県

CDやストリーミングへと音楽の聴き方が変化していく現代だが、今から100年前はSP盤に鉄針を落として音楽を楽しんでいた。石川県金沢市には、その懐かしい音が体験できる「金沢蓄音器館」がある。

市内の観光地に建つ赤煉瓦造りの建物。扉を開けると、館内の一階から三階まで、所狭しと並べられた蓄音器が出迎えてくれる。展示している蓄音器は150台にも及ぶが、収蔵数となると600台以上、SPレコードに至っては4万枚以上にもなる。

そもそも蓄音器は、1877年にエジソンが発明したことが始まりで、日本では1910年に日本蓄音器商会が量産型の蓄音器を作成したことに始まる。昭和初期の頃でいえば、当時は給料の三か月の値段だったという。

館内では他では見られない蓄音器を鑑賞できるのはもちろん、様々な蓄音器を聴き比べすることができる。毎日3回、30～40分ほどの時間をかけて蓄音器やレコードの歴史における説明を交えつつ、初期の円筒形のものなど複数台の蓄音器を一台ずつ、クラシック、歌謡曲、童謡のレコードを用いて音を聴き比べすることができるのだ。

その音は、現代の我々からすると新鮮そのもの。音に少しばかりのノイズが混じるところも、デジタル音にはない自然さを感じる。さらには、ラッパの大小によって音量が変わるほか、ラッパの材質によっても音が立体的に聴こえる感動など、同じ音楽であっても、スマホやパソコンから聴く音楽とは大違いなのだ。

そんな金沢蓄音器館は、蓄音器を後世に伝えていきたいという一人の男の想いから誕生した。山蓄というレコードショップを営んでいた八日市屋浩志氏（1924～2003）だ。当時は、大量生産、大量消費の時代で、不要になった蓄音器は粗大ゴミとなり、簡単に捨てられていた。そんな光景を見ては心を痛め、やがて蓄音器を拾っては修理して自身のコレクションにしていった。その後、日本レコード協会の会長が当時の金沢市長に手紙を出したことを機に、市がコレ

聴き比べは、二階に展示されている複数台の蓄音器を用いて行われる。

クションを譲り受ける形で、蓄音器館は2001年に開館した。

開館当初は昔を懐かしむ年配者が多かったものの、近年ではレコードを初めて聴く若い人の来館も多く、地域でいえば地元の方より県外や海外からの来館者が多いらしい。「CDよりもレコードの音の方がホッとする」「音が優しい」「ノイズの音に癒される」という声も多いそうだ。

また、見るだけでなく、自由に聴けるところが実に嬉しい。蓄音器の聴き比べに限らず、三階のリスニングコーナーでは、好きなLPレコードを試聴することも可能だ。とはいえ、針も磨耗してくることから、維持するのも大変。そのため、2代目の現館長は、ほぼ毎日のように点検や修理に追われているという。

「後世に蓄音器を残したい」という一人の男の想いから生まれた蓄音器の博物館。普段、当たり前のように聴いている音楽の変遷と魅力を、ここで聴くことで実感。

金沢蓄音器館

[住] 石川県金沢市尾張町2-11-21
[電] 076-232-3066
[時] 10:00 ~ 17:30（入館は閉館30分前迄）
[休] 火曜日（祝日の場合は翌平日）
年末年始（12月29日~翌年1月3日）
[料] 一般 310円/高校生以下 無料

蓄音器に耳を傾ける犬の「ニッパー」。

22

日本自動車博物館

石川県

見渡す限り車、車、車！　なんと個人コレクションの自動車ショータイム！

今や、私たちの暮らしに欠かすことができない自動車。戦後の高度経済成長を牽引した産業でもあり、日本製の車は国内のみならず世界でも乗られている。

自動車を展示、紹介する博物館のなかでも、石川県小松市にある日本自動車博物館は突出した存在といえる。田園が広がる高台にあり、赤煉瓦三階建てという圧倒的存在感を誇る建物。外観だけでも見応えあるのだが、館内はそれを上回る。

扉を開けると、まず広さに驚く。広大な館内には、実に５００台以上にも及ぶ自動車が、これでもかというほどビッシリ展示されている。自動車は街中で当たり前のように見てはいるが、これだけの数となると感動せずにはいられない。そして、ワクワクも止まらないのだ。

20世紀に日本国内で活躍した車を中心に収集されており、日本のみならずベンツやジャガー、ＢＭＷなど誰もが知る海外の車も多い。四輪の自動車が中心ではあるが、二輪、三輪、さらには雪上車や人力車、世界のミニチュアカーに至るまで、展示の種類は様々だ。

それだけバリエーションに富んでいるだけあって、そうそう出会うことがないレアな自動車も多い。鄧小平なども乗っていたリムジン、アラブの王様もご愛用だったキャデラック、初代韓国大使館専用車に、富山県の植樹祭の際に昭和天皇の先導役を務めたマーキュリーといった豪華車があれば、戦後の女性進出に伴い女性専用の使用が施されたブルーバード、ベルリンの壁が崩壊して有名になった東ドイツのトラバントなど、ユニークな背景を持つ車があるところも興味深い。

これだけの自動車はいかにして集められたのかが気になるところだが、これが個人のコレクションと聞いてさらにビックリ。１９５０年代、新しい性能の良い車が次々に生まれていく時代に、古くなった車を残したいと思い立った、実業家で自動車愛好家である前田彰三氏（１９３０～２００５）によるコレクションが元になっているのだ。

５００台もの車が展示してあるということもあり、一台ずつ見ているとあっという間に時間が経ってしまう。車に興味

天井ギリギリで収まっている本場ロンドンの二階建てバス。輸送力不足から誕生した二階建て馬車の伝統を受け継いで誕生したとのことだ。

館内の中心は、シャンデリアが吊るされ吹き抜けに。フロアには500台以上もの車が綺麗に並べられている。

がある方であれば、十分、一日中滞在できるだろう。

これだけの豊富な車を見ることで、当時の時代に浸ったり、自動車の歴史に触れることができる空間の素晴らしさ。まさにここでしか味わうことができない醍醐味なのだ。

日本自動車博物館

［住］石川県小松市二ツ梨町一貫山40番地
［電］0761-43-4343
［時］09:00～17:00（入館は閉館30分前迄）
［休］水曜日（祝日の場合は翌日）/ 8月は無休
［料］大人（高校生以上）1200円 / 小人（小・中学生）600円
65歳以上シニア割引（証明できるものを展示）1000円

「威容を誇る車たちの広場」に並ぶ車は、威風堂々とした風貌で豪華さを彷彿とさせる。

今もどこかで走ってるかもしれない、バラエティー豊かなニュー・クラシックカー。

歴代のスカイライン、ブルーバードなどの名車が並ぶ「日産の広場」。

映画『ローマの休日』に登場した初代フィアット500。

当時ヨーロッパの街並みを走った車が並ぶ「ヨーロッパの広場」。

日本経済の担い手として、数多く生産され大活躍した三輪トラック。

登山家のバイブル『日本百名山』の生みの親はこの男だ！

23

深田久弥 山の文化館

石川県

北は利尻岳から南は屋久島の宮之浦岳まで、数ある日本の山のなかから名峰百座を選んだ『日本百名山』は、登山における一つの指標、登山愛好家のためのガイドになっている。

富士山、白山、浅間山など日本を代表する山々が選ばれているが、これは深田久弥（1903〜1971）という一人の男によって選ばれたことはあまり知られていない。

深田久弥の故郷の石川県加賀市にある「深田久弥 山の文化館」。1910年に建てられた国の登録有形文化財であるこの建物は、古い木造で、廊下には日本百名山に選ばれた山々の写真が展示され、「山の文化館」の名にふさわしく、山にまつわる資料や本が充実している。館内には深田久弥ゆかりの遺品や原稿が並び、あの『日本百名山』の直筆原稿も展示。

そもそも『日本百名山』とは、登山家で作家の深田久弥が1964年にまとめた山岳随筆集で、長い時間をかけて自ら百座の山頂を極め、山容の美しさと品格、それぞれの山の個性を独自の美意識で綴った随筆は秀逸。今も多くの登山者に愛されている。戦前は鎌倉文士であった深田だが、戦後は小説よりも山の文学を多く書いたという。

登山愛好家は年配者が多いイメージがあるが、ここを訪れる人は20代や30代の女性も多く、まさに老若男女、山を愛する人たちの交流の場になっている。

晩年は無名の山に登り続け、最後は茅ヶ岳の山中で亡くなった深田久弥。多くの人生を登山に捧げ登山家のバイブルを生み出した、彼の人生までも垣間見ることができた博物館だった。

深田久弥 山の文化館

[住] 石川県加賀市大聖寺番場町18番地2
[電] 0761-72-3313
[時] 09:00 ~ 17:00（入館は16:30まで）
[休] 火曜日（祝日は開館）/年末年始（12/30 ~ 1/1）
[料] 一般 350円/高校生以下及び障害者の方 無料

執筆中の深田久弥氏。

1964年に発行された『日本百名山』。改版や新装版が年々出版されており、今でも本屋に並べられている。

迎え入れた人の優しさ、平和の尊さを次世代へ。

24

人道の港 敦賀ムゼウム

福井県

福井県敦賀市。古くから大陸への玄関口として栄えていた港町で、江戸中期から明治30年代まで、日本海にて物資や文化を運び続けた北前船の寄港地でもあった。

そんな敦賀港には、かつて二度にわたり、救いを求めた外国人たちを受け入れた歴史がある。1920年代には第一次世界大戦やロシア革命によって難民となったポーランド孤児を、そして1940年代にはナチスドイツの迫害に苦しめられたユダヤ難民たちが上陸した際、敦賀の人々は彼らを温かく迎え入れたのだ。

その歴史を伝え続けているのが「人道の港 敦賀ムゼウム」という資料館。館内には、以上の歴史に関する説明が書かれたパネルや資料が展示され、子どもたちにもわかるように、アニメーションを取り入れた映像も所々に設置。

そのなかでも、リトアニアのカウナス領事代理・杉原千畝氏（1900〜1986）がユダヤ難民を救うために発行した命のビザのレプリカや、ユダヤ人が残していった腕時計の展示には特に心を打たれた。

「人道の港 敦賀ムゼウム」を通じて、先人たちが築き上げた尊い絆を次の世代に受け継ぐとともに、命の大切さ、平和の尊さが多くの人々に伝わることを、私も望んでいる。

1

2

1.敦賀港に上陸したユダヤ難民の女性が身に着けていた時計。食料を買うため時計店で換金した実物がこうして展示されている。／**2**.リトアニアのカウナス領事代理・杉原千畝氏が発行した日本通過ビザのリストや敦賀に上陸した人たちのビザなどのデジタル化資料。

人道の港 敦賀ムゼウム

［住］福井県敦賀市金ケ崎町23-1
［電］0770-37-1035
［時］09:00 ～ 17:00（入館は閉館30分前迄）
［休］水曜日（祝日の場合はその翌日）／年末年始
［料］大人 500円／小学生以下 300円

中部

山梨県　㉕ポール・ラッシュ記念館

㉖昭和町風土伝承館 杉浦醫院

長野県　㉗松本市時計博物館

㉘日本ラジオ博物館

岐阜県　㉙名和昆虫博物館

静岡県　㉚浜松市楽器博物館

ソフトクリームより大切な、戦後の清里を復興させた米国人パイオニアの存在！

25

ポール・ラッシュ記念館

山梨県

山梨県の北西部にある清里高原。真夏でも涼しいこの高原リゾート地は、70年代後半のペンションブームから、今も多くの人が避暑と観光に来るけれど、ここに〝清里開拓の父〟ポール・ラッシュというアメリカ人の功績を伝える記念館があることは、あまり知られていない。

大通りから脇道に入り、木々に囲まれた砂利道を進むと、その記念館は現れる。森に囲まれた閑静な場所にある記念館は、ポールの遺品や彼の生涯を説明した展示パネルなどが並べられた「資料館スペース」と、晩年の住まいだった「ポール・ラッシュ邸」の二つの建物で構成されている。

では、ポール・ラッシュ（1897〜1979）とはどのような人物であり、何故、清里に彼の記念館があるのか。

アメリカのインディアナ州に生まれたポール・ラッシュは、関東大震災で倒壊した東京と横浜のYMCA会館の再建委員に指名されたことを契機に来日。そしてYMCA会館再建後は、立教大学での教員職、震災で被災した聖路加国際病院の再建事業、さらには日本にアメリカンフットボールを持ち込むなど、その活動は多岐にわたった。

そんななか、彼が清里の地と接点を持つキッカケとなったのは、キリスト教青年指導者を訓練するためのキャンプであり、そのキャンプ地として選ばれたのが清里高原だったのだ。

しかしながら、標高1400mの清里は厳冬期には氷点下20℃にもなり、農業もままならない土地。昭和の初めには、東京の奥多摩の小河内ダム建設に伴い、湖底に暮らしていた人たちが移住してきたものの、冬の寒さは想像を絶し、暮らしは過酷を極めていたのだ。

太平洋戦争の開戦で、一時帰国を余儀なくされたポールだが、終戦後は再び来日し、荒廃した日本を再生すべく、清里を〝農村伝道のモデル拠点〟とするための果敢な挑戦を始めた。寒さや粗食に耐えられるジャージー牛をアメリカから連れてきて酪農を始めるほか、高原野菜を植え、後世にその技術を伝えるためにと農業学校を開校。教会や病院も建て、や

多くの功績を残したポール・ラッシュ。清里では、知られざる彼の功績を後世に語り継いでいる。

1

2
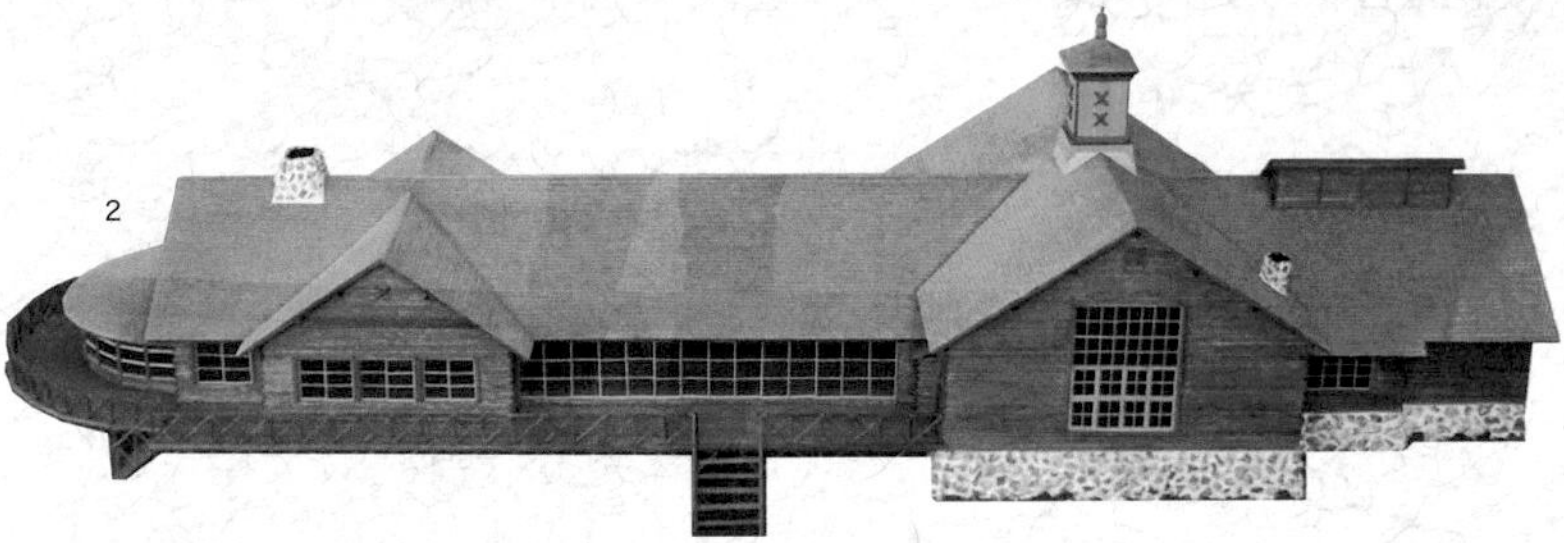

3 **DO YOUR BEST,**
AND IT MUST BE FIRST CLASS

最善を尽くし一流たるべし

1.多くの人を招き、様々な計画を語り協力を求めていたポール邸の居間。天井に吊るされた大八車のシャンデリアが珍しい。／**2**.模型として再現された、かつての清泉寮。／**3**.資料館の入り口に掲げられたポールの理念は、師と仰ぐトイスラー博士の言葉が礎となっている。／**4**.展示物のなかで最も際立つ緑色のトラクターは、実際に乗車することが可能だ。／**5**.ポールは、日本にアメリカンフットボールを持ち込んだ功績者。今でもアメフト関連で記念館に訪れる方は多いそうだ。

4

5

がて、清里はみるみるうちに発展していった。

　清里にポール・ラッシュ記念館がある由縁は、偉大な彼による多大な功績を顕彰するためなのだ。

　資料館の入り口には「他者への奉仕」など、彼の理念が掲げられ、ポールの数々の功績を知ることができる。パネルに合わせて並べられた展示物には、ポール本人の遺品も多くあり、特に初めて清里高原に持ち込まれた緑色の大きなトラクターがよく目立つ。清里開拓に大きく貢献し、その歴史を今に伝える貴重な資料といえる。

　また、日本に初めてフットボールを紹介、普及させた功績を讃える「日本アメリカンフットボールの殿堂」のコーナーまであり、ここはアメフト関係者の聖地でもあるらしい。

　一方、ポール邸は彼が晩年暮らしていた実際の住居を保存、公開しており、木造の洋風建造物には、シャンデリアの下に重厚なソファやテーブルが並ぶリビング、執務室、寝室など、その簡素で穏やかな暮らしぶりを伺わす。

　ポールが設立した清泉寮は、現在も宿泊研修施設として多くの人々を迎え入れており、清里は、有機ジャージー牛乳が使われた濃厚なソフトクリームも人気で、今も多くの観光客で賑わう。ソフトクリームを満喫しながらでもいい。清里の地を発展させるために奮闘したポールの物語があったからこそ、今の清里があることを思い出してほしい。

標高1400mにもなり、雄大な八ヶ岳が広がる清里高原。現在の姿になるまでにはポールの多大なる貢献があったのだ。

ポール・ラッシュ記念館

［住］山梨県北杜市高根町清里3545
［電］0551-48-5330
［時］10:00～17:00（入館は閉館30分前迄）
［休］4月～10月 無休、11月～3月 水曜日・木曜日
［料］大人 500円/小中学生 200円

ポールがお守りにしていた、ロイヤルストレートフラッシュのトランプ。太平洋戦争開戦時、敵国の人間ということで収容されたポールが、暇つぶしにポーカーをした時のもの。

甲府盆地に蔓延した恐怖の地方病！　115年にも及んだ闘いの史実とは？

26 昭和町風土伝承館 杉浦醫院 山梨県

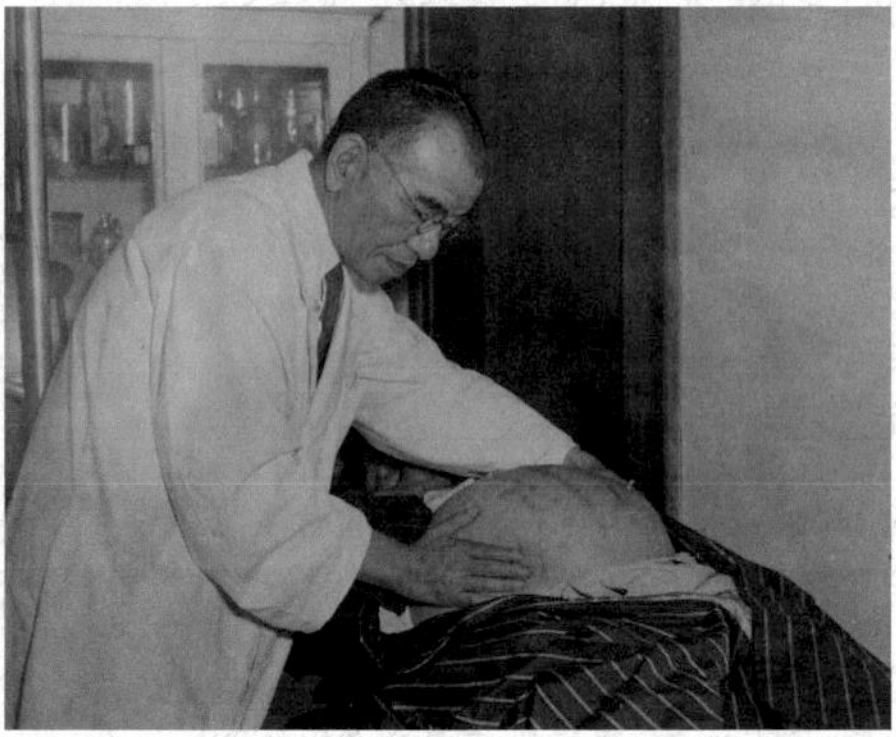

病院で治療する杉浦健造先生。地方病にかかると、お腹に水が溜まり、写真のように異様に膨れてしまう。

医療の発達とともに、病院に行けば大抵の病気の治療が可能になった現代だが、新種のウイルスの出現に世界中がパニックになることはご周知のとおり。まして、昔の日本では、原因や治療法がわからないまま亡くなった人はたくさんいた。山梨県の甲府盆地に目を向けると、そこには100年以上もの間、地方病に苦しめられた歴史があり、その病と闘い続けた史実を語り継ぐ「昭和町風土伝承館 杉浦醫院」が存在する。

この資料館は、名称に〝醫院〟と付けられているように、病院だった建物をそのままの形で公開。杉浦醫院は、地方病の研究と治療に生涯をかけた医師、杉浦健造（1866〜1933）、三郎（1895〜1977）父子の病院で、多い時には100人もの地方病患者が列をなしたという。1977年に閉院したが、その後に昭和町が買い取り、2014年から資料館として一般公開されているのだ。

地方病とは、山梨県で用いられていた日本住血吸虫症を指す言葉。日本では広島片山地区、筑後川中下流域なども流行地とされていたが、甲府盆地を流れる釜無川両岸辺りは国内最大の罹患地域だった。発症すると腹部に水が溜まり大きく膨らんでしまう地方病は、古くからその発症原因がわからない状態が続いたものの、女性患者の献体による腹部の解剖や牛を用いた実験などを通し、1913年にようやくそのメカニズムが解明された。

農作業で、水田など水が多い場所に入ることで皮膚から侵入した寄生虫が血管内部で産卵し、血管が詰まることが要因。虫卵から孵化したミラシジウムが寄生虫に成長するためには、中間宿主であるミヤイリガイが必要だという事実も明らかになった。

原因が判明してからは、感染させないための啓蒙活動、さらにはミヤイリガイの撲滅運動が行われた。始めは人海戦術で箸と茶碗で採集していたものの、その後は生石灰、戦後にはペンタクロロフェノール（PCP）を散布したことなどで、1996年、山梨県での地方病終息宣言が発表され、甲府盆地における115年もの戦いに終わりが告げられたのだ。

杉浦醫院の館内の調剤室には、当時の薬瓶や地方病の特効薬といわれたスチブナール、注射針、患者のカルテが残されているほか、診察室には杉浦先生の机や数々の医療器具もある。昔は院内処方が多かったため、調剤室が病院のなかにない今の病院との違いや、古い木造の建物で診察が行われていたところに時代を感じる面白さなど様々な発見がある。

訪問すると、地方病の原因解明から流行終息までの間にどのような戦いがあったのか、当時のままの展示物について、スタッフの方が館内を回りながら解説してくれる。二階には地方病に関する映像資料もあるので、これを見ればより理解が深まるだろう。

建物は1929年に竣工し、国の登録有形文化財に指定されている。周囲が閑静な住宅地で、静かで懐かしい雰囲気が漂う。この場所で多くの地方病患者が診察を受けていたと考えると、きっと様々な物語があったのだろうと感慨深くもなる。

明治時代の調査では、甲府盆地に暮らす10人のうち1人が患っていた過去もあり、それほど、甲府盆地での罹患率は高かった。とはいえ、悲しい歴史だったせいかあまり今の時代に語り継がれておらず、山梨県民でも地方病のことを知る人は少ないと館長は語る。地方病の史実を後世に伝えていくためにも、この資料館の存在意義は非常に大きい。いきなりの訪問でも問題はないが、確実に案内してほしい場合は、念のために予約していくことをオススメする。

1

2

1.「劇薬剤」「毒薬剤」と書かれた乳鉢。見ているだけで背筋が凍りつく。／**2**.調剤室には、当時の注射針や地方病の特効薬「スチブナール」などが見られる

昭和町風土伝承館 杉浦醫院

[住] 山梨県中巨摩郡昭和町西条新田850
[電] 055-275-1400
[時] 09:30 ～ 16:30（入館は閉館30分前迄）
[休] 土曜日/祝日/年末年始
[料] 大学生・一般 200円/小中高生 100円

応接室には、シャンデリアに赤絨毯が敷かれており、この部屋だけ落ち着いた雰囲気が漂う。

27

松本市時計博物館

長野県

時空を超え時を刻んできた、タイムレスな時計がずらり。

スマートフォンの普及などで正確な時刻をデジタルで容易に知ることができる現代だが、長野県松本市には、懐かしい古時計の数々を展示する「松本市時計博物館」がある。

松本市街の中央を流れる女鳥羽川沿いに建つこの博物館は、日本最大級の振子型時計をシンボルとした外観で、松本市のランドマーク的存在。ここは古時計の研究者で、技術者でもあった本田親蔵氏（1896〜1985）が、生涯をかけて蒐集した貴重な和洋の古時計を中心に、約110点の時計を1974年に松本市に寄贈した背景があり、2002年9月に「松本市時計博物館」として開館した。

館内には、今では珍しい古時計を初め、たくさんの時計が、ほぼ動いている状態で展示されていて、時を刻む「カチッ、カチッ」という音が館内中に響き渡る。正時になると、あらゆる時計から時報が鳴り響き、それはもう何とも賑やか！

展示されている時計は、海外、主に西洋で使われたものが多く、デザインがとても華やか。天井に吊るされている「シャンデリア時計」や、金メッキに装飾を施した「ビクトリア風燭台付き置時計」、蓋を開けるとダイヤモンドがちりばめられた「懐中時計」まである。また、理髪店用の文字盤が逆になっている時計、手を頻繁に洗う看護師がポケットに付ける「ナースウォッチ」など、形や機能も多種多彩だ。

さらには、江戸時代に日本で使われていた和時計も面白い。文字盤が今とは違っていて、江戸時代は日の出と日没を基準とする不定時法という方法で時間を測っていたので、時刻の呼び方には十二支と数が使われ、時計の文字盤には干支が書かれていたりする。

日々当たり前のように接している時計だが、昔はデザインや目的に応じた時計が作られていて、時間制度が今と異なっていたことも知ることができた。江戸時代の人はどのように時間と接し、暮らしていたのかなあ、などと昔に想いを馳せ、知識を広げ、とても有意義な時が過ごせた。

それから、ここには時計と関連の深い蓄音機も紹介しており、土日と祝日には、蓄音機を使ったミニコンサートも開かれているそうだ。

J.S.T.M.
SEIKO TIME

1

2

3

4

5

6

7

8

9

廊下にずらりと並べられた柱時計。写真奥に展示されている写真と銅像は、展示物をコレクションした本田親蔵氏。

1.エジプト美術置時計（フランス製）／**2**.鉄道用懐中時計（スイス製）／**3**.ステンドグラス時計（フランス製）／**4**.櫓時計（日本製）／**5**.月の出る置時計（ドイツ製）／**6**.目もくちばしも動く、フクロウ掛時計（日本製）／**7**.大正時代のブランコ時計（日本製）／**8**.文字盤が回転し、矢の先が時間を指し示す文字盤回転時計（ドイツ製）／**9**.理髪店用さかさ時計（日本製）／**10**.ふと視線を上げると、頭上にも時計が。これはフランス製のシャンデリア時計で、こういうものまで時計にしてしまうようだ。

10

松本市時計博物館

［住］長野県松本市中央1-21-15
［電］0263-36-0969
［時］09:00～17:00（入館は閉館30分前迄）
［休］月曜日（休日の場合はその翌日）/年末年始（12月29日から1月3日）
［料］大人（高校生以上）310円/小人（中学生以下）150円

エンジニアを父に持つ男が蒐集したのは、ラジオ100年の歴史だった！

28

日本ラジオ博物館

長野県

新聞、テレビ、映画、インターネットなど様々なメディアが普及している今でも、100年近く前から普及し、私たちを楽しませてくれている存在がラジオだ。そんなラジオに特化した「日本ラジオ博物館」が、長野県松本市の中心部から車で10分ほどの閑静な住宅街にある。なまこ壁が特徴的な蔵の建物で、なかに入ればそこには、ちょっと普通でない数のラジオの世界が広がっている。展示物はラジオに限らず、テレビやウォークマン、冷蔵庫などの家電製品もある。館内を見渡すとホーロー看板も見受けられ、よりレトロな雰囲気を醸し出していた。

この博物館を運営しているのは、館長の岡部匡伸さん（1964〜）。

小さい頃から、エンジニアだった父親が家でラジオやテレビを修理する様子を見ていたことから興味を持ち、自分でも捨てられていたラジオやテレビを拾っては修理していたそうだ。

高校卒業時で既に収蔵数は100台を超えており、今では1500台を超えるとのこと。博物館としては、バーチャル博物館としてホームページ上で収蔵するラジオを紹介したのが始まりで、2012年に現在よりも市の中心部でリアルな博物館を開館。その後、現在の場所に移転したという流れ。

館内に展示しているラジオは、寄贈していただいたものが大半で、その台数は100台以上。販売当時は家一軒が建つほどの高価なものから、鉱石ラジオ、時代とともに小型化したポータブルラジオ、一見ラジオには見えない奇抜なデザインのものまでその種類は様々。東京オリンピックや大阪万博の記念系も面白い。

日本でラジオ放送が開始されたの

館長の岡部さん。

は、1924年11月29日に東京放送局(JOAK)、翌25年1月10日に名古屋放送局(JOCK)、同年2月28日に大阪放送局(JOBK)が創立されてとのこと(いずれも社団法人)。ラジオ放送が開始された当初は一般庶民での購入は厳しかったものの、戦後にはどんどん普及していき、小型化も進んだ。その後、テレビの普及を機に、ラジオはお茶の間の中心からパーソナルな放送内容に移り変わっていく。

館内には、入り口から時系列に沿ってラジオが展示されているため、どのような変遷を経たのかがわかるようになっている。また、展示物はラジオ本体に限らず、昔のラジオ購入を勧めるチラシや番組表なども、当時の時代背景が窺えて、実に興味深い。

「電化製品ではあるが、メディアの一部。機械好きな方、ラジオ番組が好きな方、メディア史を研究している方など様々な方が訪れるんですよ」と岡部さんがおっしゃるように、ラジオ一つから興味の切り口は様々だ。

ラジオが誕生した戦前の時代から、戦後の娯楽メディアとしての興隆、そしてテレビ、インターネットの影響によるラジオの変容まで、ラジオを通し、大正から現代までの様々な歴史に触れられるところも、ここの博物館の大きな魅力だ。

日本ラジオ博物館

[住] 長野県松本市筑摩3-10-1

[電] 0263-27-2535

[時] 12:00 ～ 16:00(入館は閉館15分前迄)

[休] 平日(ゴールデンウィーク、お盆休み期間は開館)

[料] 大人 500円/15歳以下 200円(小学生以下は無料)

これが昆活と昆虫愛の成果の証だ。ファン垂涎の的のコレクションを見よ！

29

名和昆虫博物館

岐阜県

現存する日本最古の昆虫専門の博物館「名和昆虫博物館」は、１９１９年に開館。なんと１００年以上もの歴史を持つ博物館なのだ。

岐阜市のなかでも、近くには岐阜城や岐阜大仏がある観光地に位置し、なかに入れば、蝶、クワガタ、カブトムシなどおおよそ１０００種類、３５００匹もの昆虫標本が展示され、昆虫好きには大興奮間違いなしの場所だ。

「昆虫が苦手な方でも一度は見て、昆虫の魅力に触れてほしい」と五代目館長・名和哲夫さん。標本の展示方法には工夫が見られ、標本箱内に色紙を貼り、まるでアートのような展示を心掛けている。置き方だって、縦や斜めなど変化を加え、デザイン的にも楽しめ、そして標本も丁寧に仕上げられていることがわかる。

さらに、「ただ見るだけなく、来てくれた方が参加できるように」という思いから、二階ではクイズと併せた展示になっている。このクイズにもまたこだわりがあって、より注視して標本を見てもらうための仕掛けが満載。本当に昆虫をもっと見て、知識を増やしてほしいという昆虫愛が伝わってくる。

そして展示物のなかでも圧巻なのが、昆虫ファン垂涎の的、あの南米の森のなかを青い閃光を放ちながらフワッと飛ぶモルフォチョウの一大コレクションの展示だ。４８２匹もの蝶が壁一面に整然と並べられており、森の宝石たちの輝きは、まさにこ

1

2
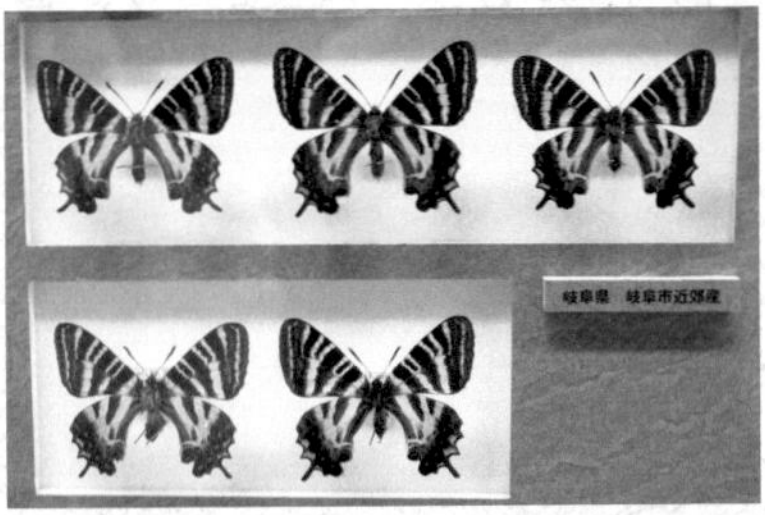

3
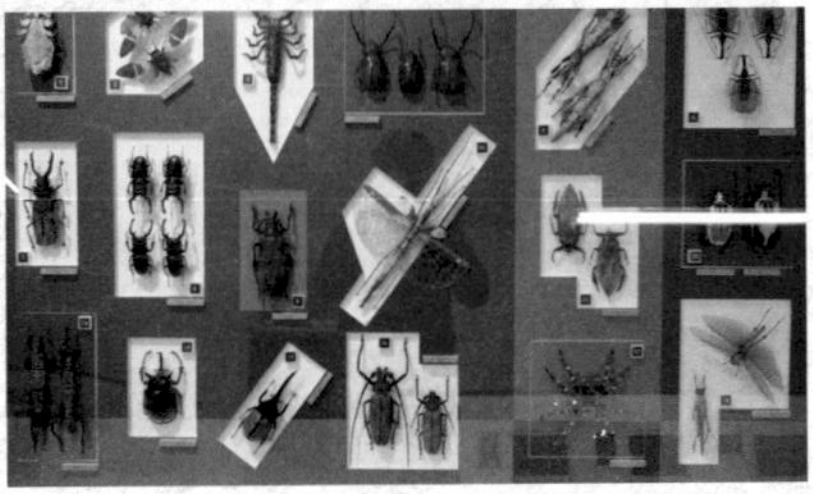

1.五代目館長の名和哲夫さん。1980年から研究員、そして2003年から館長に就任。訪れる方々に昆虫の魅力を伝え続けている。／**2**.初代館長である名和靖氏が発見したギフチョウ。名和昆虫博物館のシンボルマークにもなっている。／**3**.本当に綺麗な展示。台紙の色をカラフルにしたり、縦や斜めに置くなど見え方に変化を加えることで、より見やすい展示を心掛けているのだ。／**4**.二階の壁に展示されたド派手な蝶の標本。482匹ものモルフォチョウが壁一面に並べられており、青々しさもプラスされる芸術的な光景だ。

こでしか見られない神秘の風景だ！

そんな名和昆虫博物館が誕生したのは今から100年以上も昔のこと。初代館長である名和靖氏（1857〜1926）は、幼い頃から昆虫好きで、造詣も深かったため、農作物の害虫に関する研究を行っていた。そんななか、1896年に私財を投じて「農作物の害虫の研究を行い、駆除の仕方を農家の方に普及する」ための名和昆虫研究所を設立。さらにその後、啓蒙のためにと寄附金を募り、1919年には博物館を設立。そう、この博物館は「農作物の害虫研究における啓蒙活動」という意外なキッカケによって誕生したのだ。

そのため、当初は今のような一般昆虫の展示ではなく農作物の害虫に関する展示だった。ところが、三代目の館長がそれまで教職についていたため、徐々に一般昆虫の展示になっていき、今に至るという。会社でも10年存続することが極めて難しい昨今、私設で100年以上もの歴史がある博物館は全国でも稀で、今こうして残っているのは本当に奇跡ではないだろうか。

それから、この博物館の建物は平安神宮大鳥居や京大本館の設計者、建築家・武田五一氏（1872〜1938）の作品であり、館内には唐招提寺から移築した太い柱が使用されており、建築作品を見学するために訪れるお客さんも多いという、意外な側面も面白い。

名和昆虫博物館

［住］岐阜県岐阜市大宮町2-18
［電］058-263-0038
［時］10:00～17:00
［休］火曜日・水曜日・木曜日（祝日の場合は開館）
夏休み・春休み期間は無休
［料］一般（高校生以上）600円/子ども（4歳以上）400円

摩訶不思議な音の響存！ ようこそ、世界の楽器ワールドへ！

30

浜松市楽器博物館

静岡県

〝楽器の街〟として知られる静岡県浜松市にある「浜松市楽器博物館」。

館内には日本の楽器のみならず、アジア、ヨーロッパ、オセアニア、アメリカ、アフリカと、世界中から集めた楽器を所狭しと展示。その数は1500点にもなり、広々とした館内に彩りも豊かに並ぶ光景は迫力たっぷり。既に期待で胸はときめく。

世界中の楽器ということで、地域ごとで歴史や文化も様々であり、日本に住む我々からすると見たことがない、想像だにしない楽器もたくさん。人や動物の骨、カニの爪、木の実を素材にした楽器に驚くこともあれば、ミャンマーやインドネシアの楽器においては、とにかく装飾が派手で、きらびやかな黄金色に目を奪われる。また、見ただけではどうやって音を鳴らすかわからない楽器もたくさんある。

音が出れば何でも楽器といえることから、神社のガラガラや風鈴、さらには水琴窟まで展示されているところも面白い。

そんな楽器の博物館がある浜松市は、ヤマハ、カワイ、ローランドなどの楽器メーカーが多数共存する街。浜松市楽器博物館が誕生したのは1995年の時であり、当時浜松市では、楽器を演奏できる場としてアクトシティ浜松に音楽ホールを建造し、〝楽器の街〟からさらに大きく、〝音楽の街〟としてのまちづくりをしていた時期で、楽器の博物館もその一環として建てられた。

博物館は展示方法にもこだわりがあり、ガラスケースが使われていない露出展示がほとんど。そのため、普段見られない角度から楽器を見られるほか、素材感や質感を間近で感じることもできる。解説のパネルも少な目で、たくさんの楽器を見てもらうことに注力しているのだ。

また、これらの楽器は直接触れることはできないが、演奏映像、音声ガイド、さらにはスマートフォンでQRコードを読み取ることでYouTubeにアップロードされている楽器紹介の動画が見られるなど、様々な方法で楽器を楽しむことを可能にしている。

一日に数回ほど、スタッフによるギャラリートークもあり、楽器の説明に併せて演奏もしてくれるほか、一階には体験コーナーもあり、ピアノや馬頭琴などの楽器を実際に弾くことも可能。

1500点もの楽器が展示してあるため、

1

2

1.一階には、アジアで使われているド派手な装飾をした楽器が広々と展示されている。館内に入るとすぐに広がる迫力ある光景だけに、驚く方も多いはずだ／2.南国を感じさせるこの楽器は、世界最大の竹琴「ジュゴッグ」という楽器。バリ島西部で伝承されている楽器だ。／3.スタッフの方による、楽器の生演奏を聴ける至福のひとときも。／4.開放感のある空間に所狭しと展示された楽器。あまりのバリエーションの豊富さに、ワクワクが止まらない。

3

4

じっくり見て回ればあっという間に時間が経ってしまうものの、ここはJR浜松駅からすぐの場所という好立地、その後の移動は安心だ。なかには丸一日滞在する人もいるらしい。音楽ホールが近くにあるため演奏家の方も多く訪れるという。

音楽に関心がある方はもちろん、普段音楽に接する機会がない方でも十分楽しめる博物館。特に関心のある方は、十分時間を確保した上で訪れることをオススメしたい。

1.宮殿にでも置かれていそうな、高級感漂うチェンバロ。楽器というかもはや美術品だ。／**2**.パプアニューギニアで使われる「ガラガラ」。名前の通り、振ることでガラガラと音を鳴らす。使われている素材は、カニの爪だ。／**3**.楽器といえば、もちろんピアノは外せない。ピアノの変遷や内部の断面が見え、音が出る仕組みがわかるものも。

1

2

3

浜松市楽器博物館

［住］静岡県浜松市中区中央3-9-1
［電］053-451-1128
［時］09:30～17:00
［休］毎月第2・4水曜日
（祝日の場合は翌日、8月は無休）／年末年始
［料］大人 800円／高校生 400円／中学生以下 無料

関西

三重県 ㉛鳥羽市立海の博物館

京都府 ㉜舞鶴引揚記念館

㉝漢検 漢字博物館・図書館

㉞中山修一記念館

兵庫県 ㉟昭和レトロ情景館

㊱ビートルズ文化博物館

㊲世界の貯金箱博物館

㊳野島断層保存館

奈良県 ㊴町家物語館

和歌山県 ㊵稲むらの火の館

漁師、海女《あま》、船乗り、漁村の暮らし、そんな海民《かいみん》たちの歴史を感じろ！

31

鳥羽市立海の博物館

三重県

日本は海に囲まれた島国ということもあり、漁業が大変盛んな国。そうなると、漁業に関する博物館も全国にはいくつか点在するけれど、三重県の鳥羽市にある「鳥羽市立海の博物館」は、群を抜いて特色ある博物館だろう。

地元、伊勢湾の漁業に関するあらゆる漁具などを6万点以上も収蔵し、広く日本や海外で使用されていた木造船、鳥羽・志摩の海女、海の信仰や汚染など、展示内容はかなり幅広い。

そのなかでも、一番の目玉といえるのが、船の収蔵庫にずらっと並べられた木造船の光景だろう。館内の端から端まで隙間なくビッシリと木造船が並べられ、吊るされた明かりが微かに灯る薄暗さが独特の世界観を演出している。その館内を上から見下ろせば、船大工たちが造り上げ、大海原での漁を長年にわたって支え、その役割を終えた木造船が広がっているのだ。壮大な光景ではあるものの、役割を終えた船だけにどこか切なさをも感じる。

展示されている船は、伊勢湾の漁で使用されたものを中心に、日本のみならず海外からも集められている。漁師にとって船は非常に愛着があることから廃棄はできず、寄贈してもらうことが多いそうだ。船をよく見てみると、なかには釘を使わずに組み立てられているものもあり、その技術の高さには驚くばかり。

もう一つ、推したいポイントとしては、海女文化の紹介コーナー。アワビ、サザエなどを女性が獲る素潜り漁は、世界でも済州島を中心とした韓国と日本にしかない。鳥羽市・志摩市における海女文化は非常に古く、２０１７年３月に「鳥羽・志摩の海女漁の技術」は国指定重要無形民俗文化財の指定を受けている。ここでは、鳥羽志摩を代表する海女文化をこれからも守り、伝えていく、その歴史について学ぶことができる。

そんな海の博物館が開館したのは１９７１年のこと。元々は鳥羽駅の近くで漁業関連の道具類などを蒐集して展示

海女さんが海中で作業できる時間は、僅か50秒。その間にアワビやサザエを見つけるのは、まさに至難の技だ。

2

3

4

5

1.一番の見所と言えるのが、この「船の棟」だ。かつて漁業やお祭りなどで使われていた木造船がずらりと展示されている。／**2**.船から上がった旬の魚が並んでいるが、もちろん作り物なので要注意（笑）。／**3**.鳥羽・志摩を本拠地として戦国時代の海を暴れ回った水軍大将・九鬼嘉隆（くき・よしたか）。／**4**.この小屋は「海女小屋」といって、海女さんが着替えや休憩をし、海で冷えた体を暖める場所だ。／**5**.鳥羽・志摩地域沿岸ではカツオ漁も盛んだったようで、館内にはカツオ関連の展示も多い。デカデカと展示されたこの船は、カツオ漁の様子を再現している。

群れで泳ぐイワシを捕獲すべく、大人数で行われる豪快な地引網漁。今日も大漁だ！

博物館は6万点近い資料を収蔵しており、その種類も様々。船や海女関連以外にも、こうしたたこつぼとかも展示されている。

していたものの、建物の老朽化や収蔵物の増加に伴い、1992年に現在の場所へと移転している。

また、展示物のみならず、この博物館は建物も大変特徴的。展示棟の天井を見ると、薄い木を張り合わせた集成材を使ったアーチ状型の空間が大変美しく、まるで大きな船の船底みたいだ。完成に7年もの年月がかかったこだわりの建物は、内藤廣建築設計事務所の設計で、環境に配慮した機能と洗練されたデザインで、日本建築学会賞はじめ、第18回吉田五十八賞、芸術選奨新人賞美術部門を受賞。公共建築百選にも選ばれている。

海と、それに関わる人たちの歴史と文化の過去、現在、未来を伝える鳥羽市立海の博物館で、島国日本のみならず、世界の海について学ぶことは、間違いなく貴重な体験だと思う。

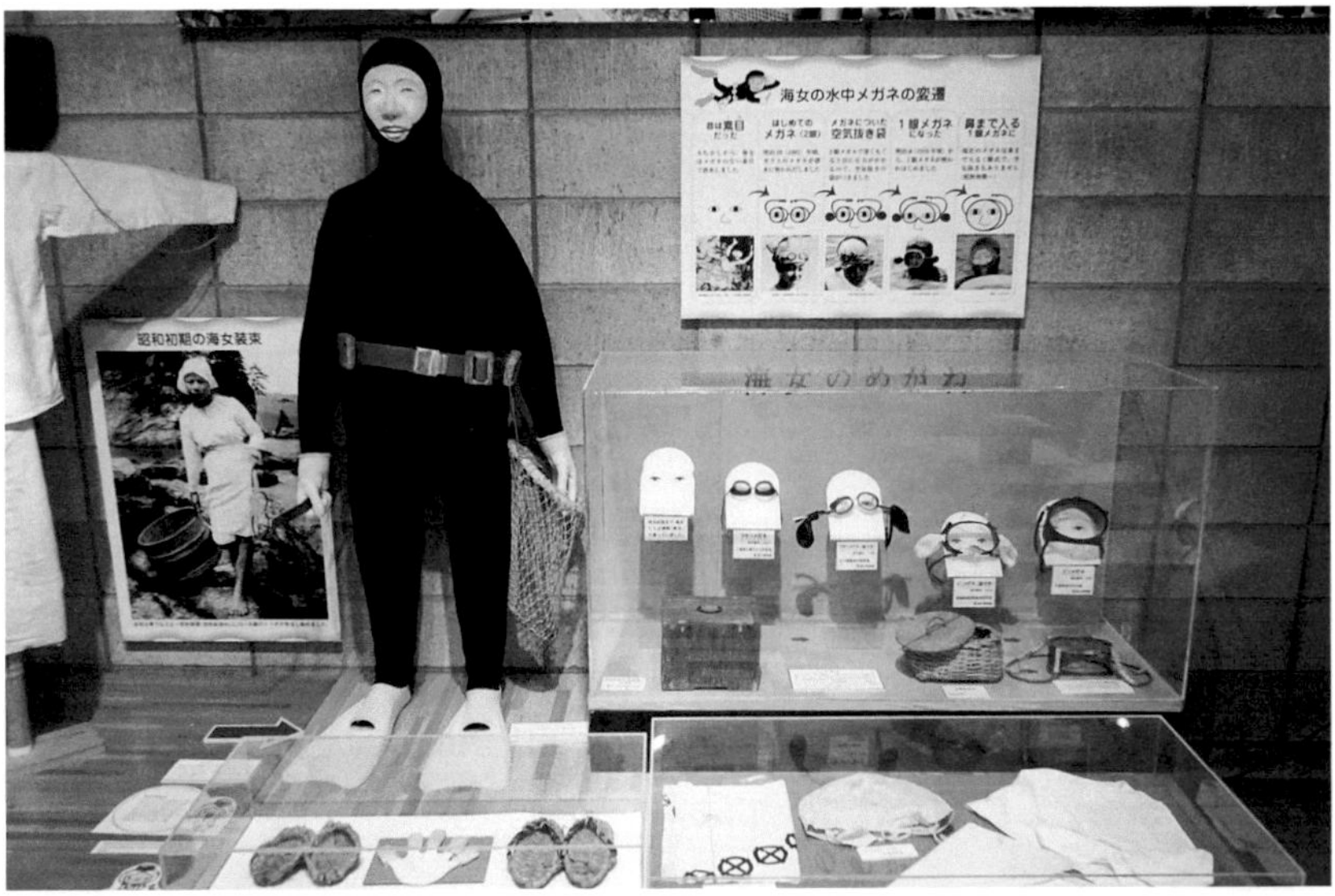

水中メガネ、てぬぐいなど、海女さんが身に着ける仕事道具など

鳥羽市立海の博物館

[住] 三重県鳥羽市浦村町大吉1731-68
[電] 0599-32-6006
[時] 09:00 ～ 17:00（3月1日～ 11月30日）
09:00 ～ 16:30（12月1日～ 2月末日）
（入館は閉館30分前迄）
[休] 6月26日～ 6月30日/12月26日～ 12月30日
[料] 大人（18歳以上）800円/大学生以下 400円

忘れてはいけない歴史がある。
シベリア抑留を生き抜いた人たちの知恵と工夫！

32

舞鶴引揚記念館

京都府

『岸壁の母』の物語が映画や歌謡曲として知れ渡ったように、〝引き揚げの街〟として知られる京都府舞鶴市。そこには「舞鶴引揚記念館」という博物館がある。ここでは、引き揚げやシベリア抑留の歴史を学ぶだけではなく、私たちがこれからを生き抜くためのヒントが詰まっている、大変学びが多い場所なのだ。

〝引き揚げ〟とは、「終戦時、660万人以上ともいわれている海外に残された日本人の帰国事業」のこと。いくつかの港が引揚港に指定され、そのうちの一つである舞鶴港はシベリアや中国から約66万人の引揚者を受け入れ、そのうち多くの方が過酷なシベリア抑留の経験者だったのだ。舞鶴における引揚船の入港は、昭和20年から33年までの13年間で346回にも及び、その入港した栈橋の近くに位置するのが舞鶴引揚記念館だ。

この博物館は、引き揚げやシベリア抑留を経験した方々による「自分たちが体験したことを後世に伝えて欲しい」との想いがキッカケとなり、1988年4月に開館。シベリア抑留に関する史実を、寄贈していただいた多くの資料や現地の暮らしを再現した模型などによって伝えている。シベリア抑留は、旧ソ連の戦後復興の労働力不足を補うための措置だった。抑留中は十分な食事が与えられず、氷点下30℃という過酷な環境下で、森林伐採や鉄道敷設などの重労働が課されていた。

ラーゲリ（ロシア語でいう収容所）のなかで食事をしている様子を表した模型。配給された黒パンを均等に分けて皆で食べているこの模型は、実際の引揚経験者の方が作成した大変貴重なものなのだ。

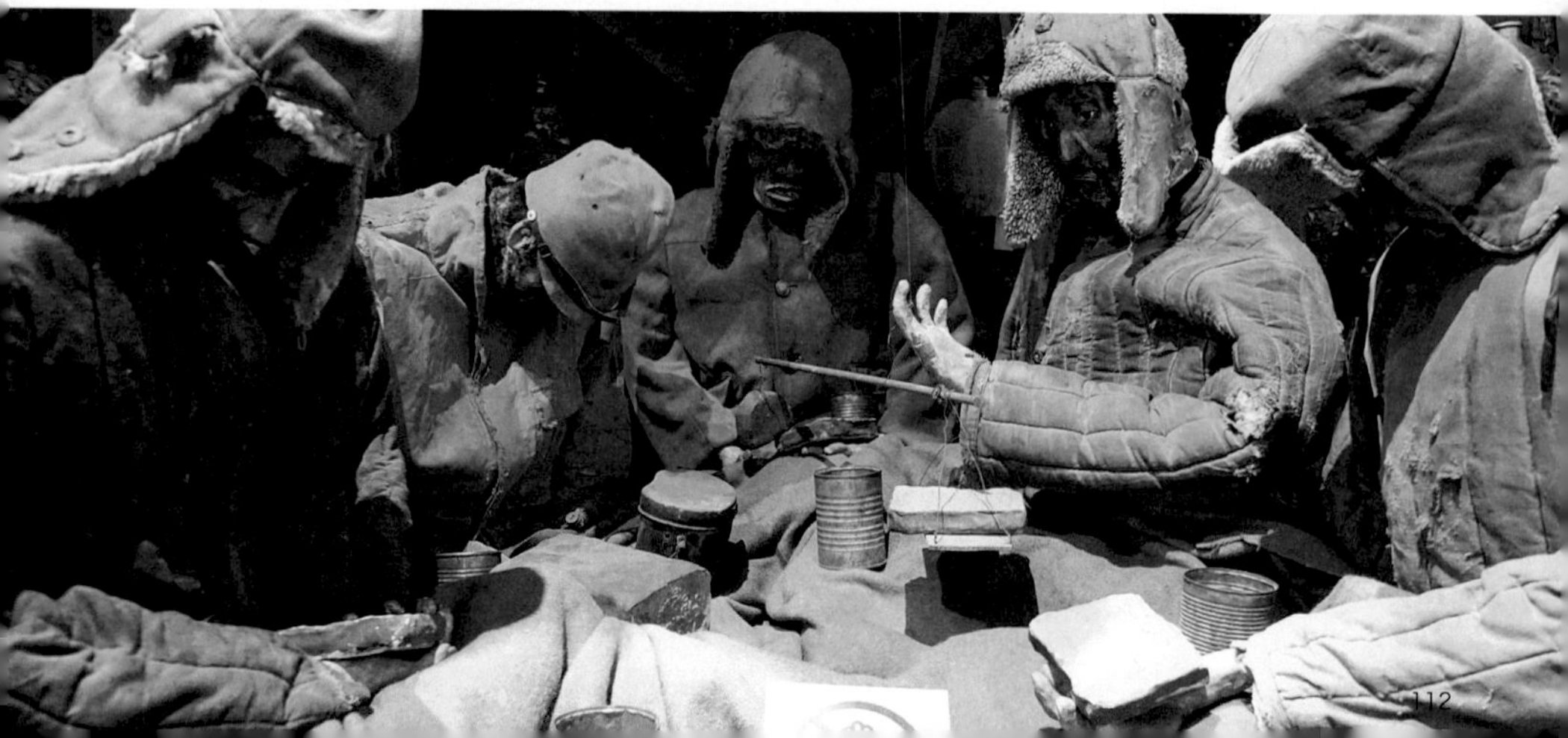

1

2

1.紙がないなか、白樺の皮に日々の想いを和歌にしたためていた「白樺日誌」。度重なる所持品検査を潜り抜け、奇跡的に没収を免れたものだ。／**2**.収容所のなかで一から作成したスプーン。すべてのスプーンにおいて色や形が微妙に異なるところに、手作り感を感じる。

そのような背景があるため、館内に展示されている抑留中に身に着けていたメモ、抑留者の方々が書いた直筆のハガキ、抑留者の方々が亡くなったことを伝える死亡通知書などの資料は、どれを見ても胸を打たれるものばかり。

そのなかでも特に注目したいのが、スプーンやお箸、たばこ入れ、麻雀牌など、抑留中に彼らが手作りで作成したものの展示だ。もちろん、どれも本物。過酷な収容所生活を生き抜くために、その辺に捨ててあった資材などを元に、知恵を絞って作成したものである。

すべて手作りであるため、スプーン一つにしても日々少しずつ作業を進め、数日かけてようやく完成するわけだ。金属を溶かして型にはめ、スプーンの形になるようにカンカン叩いて形を整えていく。

こうしたものを作ることで、一瞬でも自分の世界に没頭できる。そして一から自分でものを作り所有物が増えていくささやかな喜び。そう、これがあったからこそ、辛い環境下でも彼らは生き抜くことができたわけだ。

同じように「白樺日誌」もそうだ。紙がないなか、白樺の皮に日々の想いを和歌にしたためていた白樺日誌は、家族への想いを書くことで生きる希望を見出せたのだ。

そして、舞鶴における引き揚げの歴史においては、館内一番奥のスペースに展示してある「引揚者の方々を歓迎した舞鶴市民のおもてなし」に関する資料も欠かすことはできない。「引き揚げの母」と言われた田端ハナさんたちの尽力により、13年間もの間、引揚船が入港するたびに舞鶴市民の方々は引揚者をあたたかくお迎えしたというエピソードだ。まだ物質的に貧しかったなか、こうして見返りを求めないもてなしの心があったことに、胸が熱くなる。

そう、この博物館は引き揚げやシベリ

ア抑留の過酷な史実を伝えるだけでなく「シベリア抑留という過酷な状況をいかにして先人たちは乗り越えてきたのか」「舞鶴市民の方々が、見返りを求めず、引揚者の方々に心からのおもてなしをした」という、我々がこれからの人生を生きていくためのヒント、そして教訓が秘められているのだ。

そのような舞鶴における引き揚げの歴史を語り継ぐにあたり、引揚関係資料570点が2015年10月10日に「ユネスコ世界記憶遺産」に登録された意義は大変大きい。地元の舞鶴市でも、この登録をキッカケに、より引き揚げの歴史に関する想いが強くなったそうだ。

最後に、〝記念館が建てられている場所〟に関しても触れておきたい。記念館がある場所は市の中心地からは外れており、決してアクセスが良い場所とはいえない。しかし、記念館裏にある展望台からは、引揚者が祖国の第一歩を踏みしめた桟橋や、当時からほとんど変わっていない周囲の山々や海岸線などの景色を見渡すことができる。

ぜひ、記念館を訪ねた際は、この展望台からの景色を目に焼き付けてほしい。祖国の第一歩を踏みしめた際に見たこの景色には、舞鶴港へ辿り着いた引揚者の方々にとって特別な想いがあり、だからこそ、舞鶴引揚記念館は今の場所で舞鶴港における引き揚げの歴史を伝え続けているのである。

この麻雀牌も手作りだ。こうした日用品作りに没頭することで、過酷な環境下であっても自分の世界に浸ることができ、作る喜びを得ることで日々を生き抜いていったのだ。

舞鶴引揚記念館

［住］京都府舞鶴市字平1584番地 引揚記念公園内
［電］0773-68-0836
［時］09:00～17:00（入館は閉館30分前迄）
［休］12月29日～1月1日/毎月第3木曜日（8月と祝日を除く）
［料］大人 400円/学生（小学生-大学生）150円（※市内在住か在学の学生は無料）

映画や歌謡曲として知られる『岸壁の母』の物語。そのモデルとなった端野いせさん（1899～1981）は、帰らぬ息子の無事を信じて港の岸壁で待ち続けていた。

記念館そばの丘から見渡せる光景。舞鶴港へ辿り着いた引揚者たちは、この場所から第二の人生が始まったのだ。

見るだけで凍えてくる、雪に覆われた収容所の様子。周囲を囲う壁が、収容所の怖さを物語っている。

33

漢検 漢字博物館・図書館

京都府

漢字の面白さと奥深さを再発見。「漢字5万字タワー」に夢中！

パソコンやスマホが普及している昨今、文字を書く機会が減りつつあり、簡単な漢字すら思い出せないことがあるのでは。そんな漢字を楽しく学ぶことができる施設が、京都にある「漢検 漢字博物館・図書館（漢字ミュージアム）」。それも単に学ぶのでなく、〝楽しく学べる〟ところが大事なポイントだ。

人気観光地の祇園エリアに位置し、八坂神社のそばにある漢字ミュージアムは、閉校した中学校の跡地に建てられ、漢検®を実施している日本漢字能力検定協会によって運営されている。

漢字の起源や成り立ち、さらには漢字にも方言があるなど、漢字にまつわるあらゆる内容が扱われている。単に見るだけでなく、実際に書いたり、ハンコを押したり、さらにはタッチパネルを用いたゲームもあり、見て、触れて、遊びながら漢字を学ぶことができるのだ。

そんなこの博物館の一番の見所は、約5万字もの漢字が書き込まれた「漢字5万字タワー」だろう。館内のど真んなかに、一階から二階までぶち抜かれてそびえ立つこのタワー、あまりにユニークということで、驚くだけでなく思わず笑いまで出てしまうほど。普段使っている常用漢字から、見たこともない、そして「これ、漢字なの？」と思ってしまうような想像だにしないものまで見られ、いろんな発見がある。

多くの人は、自分の名前の漢字や、好

「今年の漢字」が並べられた2018年の展示風景

館内の中心にそびえ立つ「漢字5万字タワー」。自分の名前を探すも良し、好きな有名人の名前を探すも良し。

きな有名人に使われている漢字を探すようだが、5万もあると探すのがとにかく大変。よ〜〜く目を凝らして探さないと、なかなか見つからない。とはいえ、場所がわからなかったらスタッフに聞けば良いのだが、実はこのタワー、ランダムで並べられているため、スタッフでもどこに書いてあるかわからなかったりするとか。

さらには、年末に発表される「今年の漢字®」の実物が展示されているのも目玉。前年に清水寺で揮毫《きごう》された大書が、入り口すぐの場所に展示されているため「あ〜去年はこの漢字だったよね」と思い出すのも一つの楽しみ。

日本人として日常的に親しみのある漢字をテーマにしているため、この博物館は、老若男女、誰でも楽しめるだろう。京都観光のついでにでも、ぜひ、漢字の楽しさと奥深さに触れてみてはいかがだろう。

漢検 漢字博物館・図書館

[住] 京都府京都市東山区祇園町南側551番地
[電] 075-757-8686
[時] 平日：11:00〜17:00　土日祝：09:30〜17:00
いずれも入館は閉館30分前迄
[休] 月曜日・火曜日（祝日の場合は翌平日）
[料] 大人 800円/大学生・高校生 500円/
小学生・中学生 300円/未就学児 無料

写真提供:漢検 漢字博物館・図書館（漢字ミュージアム）

入ってすぐの場所には、清水寺で毎年発表される「今年の漢字®」の本物が展示される。2020年は「密」。

キミは「長岡京」を知っているか？　歴史をひっくり返した男の痛快劇！

34

中山修一記念館

京都府

教科書で習った日本の歴史をひっくり返した偉人の記念館が、京都に存在する。それが、「幻の都」といわれた長岡京を「現の都」にした中山修一先生（1915~1997）の功績を顕彰すべく、2002年に開館した中山修一記念館だ。

長岡京とは、784年~794年までの僅か10年間しか存在しなかった都。それまでの教科書では、奈良時代の次は平安時代と書かれていたわけだが、中山先生の功績により、その間に長岡京時代が加わることとなる。中山先生はいかにして長岡京の存在を確固たるものにしたのか、その物語についてを、この記念館では知ることができる。

中山修一記念館があるのは、京都府の南に位置する長岡京市。ご遺族の好意により寄贈された中山先生の生家の一部が展示室となっており、中山先生の略歴や足跡、長岡京発掘調査研究の成果、さらには発掘時に使用していた道具類などが所狭しと展示されている。街のなかにひっそりと佇み、来館者も少ないが、おかげで係りの方が展示資料を見ながら丁寧に説明してくれるところがありがたい。

高校教諭だった中山先生は、奈良時代の項目がすっぽり抜けていた『乙訓郡史』の執筆を担当したことをキッカケに、長岡京発掘に関心を持つことになる。自宅付近の水田の区画が条坊地割りだったこと、長岡京にあったとされる蓮池らしき場所を探し当てたことなど様々な要素がヒントとなったことから、朝堂院の会昌門（中門）の遺構を見事発見。この遺構を見つけたことで、遂に長岡京が幻ではなく実際に存在したことを証明することができた。1955年、中山先生が40歳のときだった。

長岡京を確固たる都と証明して以降、中山先生はその全貌を解明すべく発掘に人生を捧げることになる。私財を投げ打ち長岡京跡発掘調査団を結成し、昼に発掘をするために、夜間に授業を行う定時制高校の教員に就く等、生活のすべてを長岡京に捧げた。

とはいえ、まだ発掘に関する法整備ができていない頃は、畑を掘り起こして地主に怒られる、ということもしばしば

こちらが中山先生の生家の一部である、こじんまりとした展示室。発掘時に使用していた愛用品、長岡京の復元図などが展示されている。

あったそうだ。

惜しまれながらも、中山先生は1997年にこの世を去ったが、今でも長岡京の発掘は続けられている。長岡京の存在が判明して以降、その発掘回数は2200回を超えた。長岡京は何故たった10年で廃都となったのか、そして建物の全貌はどうだったのか。未だ謎は多いが、今後の発掘によってその謎は解明されていくかもしれない。

記念館を訪れる人の年齢層は幅広いが、なかでも地元の小学生の来館が多く郷土学習の場にもなっている。

どんなに素晴らしい歴史があったとしても、偉業を成し遂げた偉人がいたとしても、こうして残し伝える人がいるからこそ、我々はその歴史を知ることができる。知られざる歴史を塗り替えた偉人、中山修一先生の信念の生き様を、ぜひ多くの方に知ってもらいたい。

中山修一記念館

［住］京都府長岡京市久貝３丁目３番３号
［電］075-957-7176
［時］10:00～16:00
［休］火曜日（ゴールデンウィーク期間中は開館）／年末年始（12月28日～1月4日）
［料］無料

1

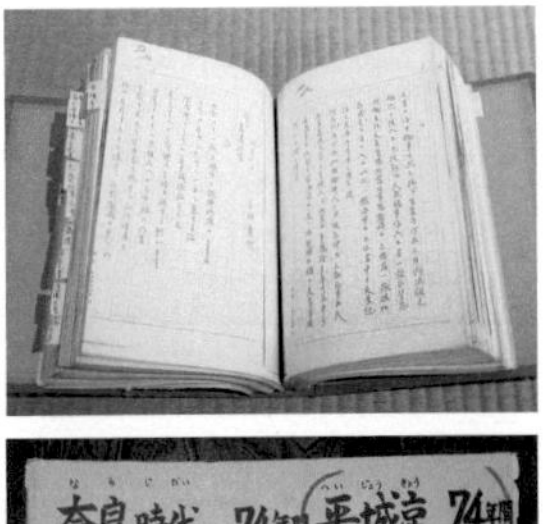

2

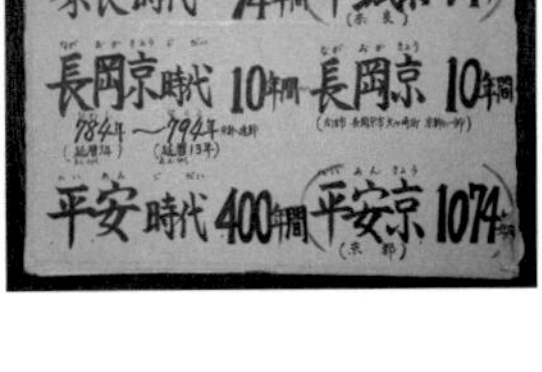

1.長岡京に関心を持つきっかけとなった『乙訓郡史』の草稿。館内の棚に所蔵されている。／**2**.スタッフの方が解説の際に用いる説明書き。改めて、長岡京が他の時代に比べいかに短かったかがわかる。

執拗なまでのこだわりが光る、昭和ジオラマ一大ショーだ！

35

昭和レトロ情景館

兵庫県

私は30代前半ということもあって定年後の生活に関してはまだ何も考えてはいないのだが、定年後の生活は、趣味を満喫する方がいれば、引き続き仕事を続ける方がいたりと、人によって様々。

全国を探してみれば、きっとユニークな過ごされ方をしている人はたくさんいるだろう。そんななか、兵庫県たつの市には「昭和レトロ情景館」という博物館があり、館長は「定年後に自身が作成したジオラマを展示する施設を作ろう！」と50歳頃から13年の年月をかけ、昭和の街並みをジオラマで再現した加瀬康之さんだ。

築200年にもなる古民家の二階に展示されている巨大ジオラマは、見れば思わず我が目を疑うほどのハイレベル。そしてこのジオラマは、加瀬さんがすべて一人で作り上げた。たつの市役所で勤務していた最中、50歳の頃から土日の時間を利用してコツコツとジオラマ作成を続けていったそうだ。まさに、塵も積もれ

ば山となるという言葉通り、よくここまで続けられたものだ。

ジオラマには駅前通り、商店街、歓楽街、住宅街、農村地帯が違和感なく建ち並んでおり、時代としては昭和40年頃の風景を再現。加瀬さんが幼少期に見ていた、あの活気づいた街が時代の経過とともに衰退してしまい、もう見ることができない風景をジオラマにしたいという強い思いがあったのだ。

パッと見では建物、さらにはジオラマ内を駆け巡る鉄道模型に目がいくかもしれないが、ジオラマには単なる通行人もいれば、お喋りをしている方々、撮影をしている人たち、石焼き芋を売る方もいるなど、様々な人間模様も垣間見ることができる。

建物は外観だけでなくなかまで緻密に再現されており、木々だって一本一本すべて手作り。改めてだが、本当に気の遠くなる作業だったはずだ。見れば見るほ

そのクオリティの高さがわかると思う。このジオラマを見て何度「凄い！」と声に出したことだろうか。

そしてこのジオラマのなかで最も感銘を受けたのは、夕景をも演出できるという点だ！

毎時30分になると、加瀬さんが館内の照明を落とし、ジオラマ内の街灯や建物内に明かりが灯る幻想的な夕景が広がるのだ。さらには鉄道模型も加瀬さんが操作してジオラマ内を駆け巡りもする。

ジオラマや昭和レトロな光景が好きな方はもちろんだが、誰が見てもこの完成度には驚くはず。細かいところまで精巧な作りで、覗き込んで凝視せずにはいられないだろう。

隅々まで見ると、一日では見きれないほどの昭和レトロなジオラマ。兵庫県たつの市にある古民家の二階には、そんな古き良き、昭和の懐かしい時代に入り浸れる世界が広がっていた。

昭和レトロ情景館

[住] 兵庫県たつの市龍野町日山290番地
[電] 090-9283-1925
[時] 10:00～16:30（入館は閉館30分前迄）
[休] 月曜日・火曜日（いずれか祝日の場合は水曜日）
[料] 高校生上 450円/小・中学生 250円

筋金入りのビートルズ野郎と、大いなる夢を語ろうぜ！

36 ビートルズ文化博物館 兵庫県

デカデカと展示された、横浜のイベントで使われたイエローサブマリン。岡本さんが図面を引いて、一から作成したもの。

突然だが、生きる上で「何かを伝えたい！」という情熱を持つってとても大事だと思う。そのことを特に実感させてくれたのが、兵庫県赤穂市にある「ビートルズ文化博物館」。ここの館長を務めるは、イギリスのロックバンド ザ・ビートルズの偉業や叡智《えいち》を後世に遺すことを人生の使命として活動している岡本備さん（1950〜）だ。

リバプール出身の4人の若者が成し得た偉業は既に周知のことと思うが、岡本さんはデザイナー、イラストレーター等の仕事をする傍ら、自身のコレクションを用いてビートルズのイベントや講演を毎年のように開催し、地元に博物館まで開館。そして、この博物館を拠点に1962年から70年代にかけて音楽の力で世界中を席巻し、ファッションから言動、文化にまで影響を与え、後の世界の音楽シーンを変え、今尚多くのファンに愛され続けるザ・ビートルズを、2000年後に伝え遺す「ビートルズ世界無形文化遺産　国際会議」という壮大な活動を行っている。

館長の岡本備（おかもと・そなう）さん。

いったい何が、岡本さんをここまで突き動かすのか。まず、そのキッカケは中学生のとき、街のレコード店で勧められたビートルズ3枚目のアルバム『A Hard Day's Night』の衝撃だった。レコードに針を落とすなり、「ジャーーーーン!!」と響く強烈なギター音。この音が身体を貫いた瞬間、岡本さんは雷に打たれたかのような衝撃を受け、ビートルズの虜になったのだ！

そして、この時からもう数えきれない

ほどビートルズの曲を聴き、彼らの音楽で得た抑えきれない喜びを多くの人に伝えたい、と思うようになる。もちろん、1966年の日本武道館公演へも行き、ビートルズの故郷であるイギリスへは何度も足を運んだ。気がつけば自身のコレクションは2万点を超え、東京駅や横浜ランドマークタワー、あべのハルカスなど、全国各地でビートルズのイベントを開催するまでに至る。

そんな岡本さんが故郷に博物館を開くキッカケになったのは、後の赤穂市長ほか有志の方々から、「赤穂を元気にしてほしい」と声がかかったことだった。建物は赤穂駅近くの商店街にある古民家を活用して、2016年5月にビートルズ文化博物館は開館。館内には、コレクションから200点ほどを、独自制作の文化ポスターの作り替えと同時に展示入替し、随時に変化をつけている。寄贈やオークションで購入したものはなく、すべて岡本さん自身が購入したもの。当然、レコード、書籍、その他プレミアムなグッズまで、すべてへの思い入れは強い。

ビートルズが日本武道館で行ったコンサートチケット、日本滞在時のビートルズを写した写真の原本、アルバム、関連書籍、ポスターなどなど、大変貴重なコレクションが多数展示されているが、岡本さんはコレクションの数や価値には全く興味はないという。これらのコレクションは「ビートルズとは何だったのか」「音楽、精神性、ファッション等何故これほどまで世のなかに影響を与えたのか」を伝えるためのツールに過ぎないのだ。そこが、「ビートルズ博物館」ではなく「ビートルズ文化博物館」と〝文化〟がついている所以だ。

来館するお客さんはマニアの方もいればビートルズを全く知らない世代まで幅広い。もし、ビートルズに詳しくなくてもそれは全然問題ない。気軽に入れるし、質問すれば、熱心に答えてくれる。そんな岡本さんのトーク力や穏やかな人柄も、この博物館の魅力になっているようだ！

入館料は300円とビックリするほど格安で、もはや採算は度外視。でもね、兎に角岡本さんは伝えたいのだ。大好きなビートルズの素晴らしさを、後世に遺していきたいのだ。

ビートルズの活動期間は僅か7年半で、世に残した曲は213曲。その短期間で、何故彼らはこれほど世界を魅了したのか。その答えが、ここにはあるのだ。

ビートルズ文化博物館

[住] 兵庫県赤穂市加里屋2059
[電] -
[時] 11:00～16:00
[休] 月曜日・木曜日
[料] 300円（ドリンクフリー）

ちょっとどうかしてる数と種類。貯金って世界共通の文化だった！

37

世界の貯金箱博物館

兵庫県

子どもの頃、祖母の家には子ブタの貯金箱があり、実家でも父親が五百円玉を貯金箱に入れていた記憶がある。しかし、ビックリするほど夥しい種類の貯金箱を展示した博物館が、兵庫県尼崎市にある「世界の貯金箱博物館」だ。

尼崎信用金庫が運営する企業博物館であり、日本はもちろんのこと、欧米・中南米・アジア・中東など世界62か国、約1万4千点にも及ぶ貯金箱を収蔵し、そのうちの2500点ほどが、館内に展示されている。尼崎信用金庫の初代本店だった建物を利用して、1984年4月にオープンした。

館内に入れば、なかには想像を超える世界が広がっている。至るところに貯金

コインを置いたら手が伸びてきて貯金箱のなかへ。何度でも楽しく貯められるやつ。

引き金を引くと、コインが箱のなかにぶち込まれる貯金箱。こうしたバネやゼンマイで動くユニークな貯金箱もたくさんあるのだ。

展示されている貯金箱は全部で2500点ほど。日本のみならず、世界中の貯金箱がこれでもかと展示されている。これだけ並べられるとワクワクが止まらない。

箱が並べられ、よくぞここまで集めたと驚嘆するというか、もはや感動してしまうほどの光景だ。各国のお国柄が表れた貯金箱、七福神や招き猫など縁起物の貯金箱もあれば、アニメのキャラクターや芸能人の貯金箱もあったり、銃の上にコインを載せて打ち込むと貯金箱に入るという動きのあるものや、貯金に挫折しないためにスパナを使わなければ開けられないものなど、思いもよらぬユニークなもの、美術的価値のあるものだってある。戦前のものから現代のものまで時代も幅広く、その変遷も楽しめる。

　そもそも、「何故、これほどたくさんの貯金箱があるのか」と疑問が出てくるが、貯金箱を集め出したのは1970年頃から。貯金箱は貯金と人々の暮らしの関わりを示す貴重な生活文化の資料であることから、お得意先の方の家にあったもの、あるいは旅先でのお土産、当金庫の役職員が旅行や視察の都度に見つけたもの、寄贈や、欧州のコレクターから購入したものもある。

　展示物は随時入れ替えられているため、行くたびに違った発見もあるだろう。

　キャッシュレス化が進み、デジタルで収支を管理しやすくなった現代では貯金箱を使っている人も減っているかもしれない。とはいえ、貯金箱を通じて文化の違いや時代背景が窺えるのは大変面白い。

世界の貯金箱博物館

［住］兵庫県尼崎市西本町北通３丁目93
［電］06-6413-1163
［時］10:00～16:00
［休］月曜日・休日（土曜日・日曜日と重なる場合は開館）
12月29日～１月５日
［料］無料

巨大断層が語る大地震の脅威……あの阪神・淡路大震災の教訓がここにある！

38

野島断層保存館

兵庫県

2011年の東日本大震災や2016年の熊本地震、あとは毎年のように発生する台風被害などなど、日本で暮らしている限り、自然災害を避けて通ることはできない。2021年2月にも、マグニチュード7・3の福島県沖地震が発生したことは、まだ記憶に新しいはずだ。

博物館においても、特に地震に関する史実や教訓を語り継ぐ施設は全国を探すと所々にあるわけだが、そのなかでもぜひ押さえておきたいのが、淡路島の北側に位置する「野島断層保存館」だ。

ここは、1995年1月17日の早朝に発生した兵庫県南部地震による大災害の史実と教訓を語り継ぐ施設。兵庫県南部地震による大災害とは、あの阪神・淡路大震災のこと。

館内はエントランスホール、断層保存ゾーン、メモリアルハウス、震災体験館に分かれており、そのなかでも一番の見所は、兵庫県南部地震によって発生した140mにも及ぶ野島断層がそのまま保存されている断層保存ゾーンだ。140mの断層一つで、横ずれ、地割れ、陥没、隆起など様々な現象を見ることができるのだが、これだけ地面が隆起して横ずれを起こしている光景を見ると、自然の脅威に驚かずにはいられない。これだけの規模の断層を間近で見られるのも、全国でここだけだろう。

元々住居だったメモリアルハウスでは、震災直後の台所の様子が再現されて

おり、食器棚が倒れ割れたお皿が散乱している様子が本当にリアル。阪神・淡路大震災では、死因の大半が建物の倒壊などによる圧死だったそうだ。自分が地震発生時この場所にいたらどのような行動をとっていただろうか、そして助かっていただろうか……いろいろなことを想像してしまう。

そして、この博物館では見るだけでなく、体験を通して地震にふれることもできるのが大きな特徴だ。

震災体験館は、阪神・淡路大震災と東日本大震災で発生した揺れの違いを体験できるコーナー。私もそうであるように、地震大国の日本にいても実際に大地震を経験したことがない方も多いと思うので、ぜひ、その恐ろしさを体験してみてほしい。

実際に体験してみると、本当に頭のなかが真っ白になってしまう。揺れが続いている間は歩いて移動することはまず不可能。そのため、地震が起こった時は真っ先にどういう行動をとるべきか、あらかじめシミュレーションしておくことが大事だと思わされた。

地震が多い日本だからこそ、改めてその恐ろしさや防災の意識をもつキッカケになる貴重な施設。どこに住んでいてもいずれ大きな地震がやってくる可能性はあるのだから。

野島断層保存館

[住] 兵庫県淡路市小倉177番地
[電] 0799-82-3020
[時] 09:00～17:00
[休] 1月～11月は無休（12月下旬に臨時休業あり）
[料] 大人730円/中学生・高校生310円/小学生260円

一度は覗いてみたかった。巨大遊郭建築に秘められた、知られざる世界。

39

町家物語館

奈良県

かつて、日本には京都の島原や東京の吉原など、遊郭として公許の遊女屋が集められた場所が500か所以上もあった。今その面影を残す場所は僅かとなったが、奈良県大和郡山市には貸座敷だった遊郭建築を一般公開する「町家物語館」がある。

この建物は大正時代、一世を風靡したという洞泉寺遊郭にあり、1924年に竣工した洞泉寺遊郭のなかでも、比較的大店であった「川本楼」という屋号の貸座敷だった。多い時は12人の娼妓を抱えながら商売を続け、やがて売春防止法によって1958年に廃業。その後は12年ほど下宿業を続け、さらにその後は1989年まで民家だった時代もあったが、最終的には大和郡山市が買収して現在の一般公開に至っている。買取に8700万円、そして改修工事に7800万円という膨大な費用がかかったそうだ。

全国でも〝遊郭〟というテーマに触れた施設は少なく、当時の客に振る舞われた献立や遊客名簿まで展示されていたり、遊郭建築ならではの建物の造形美も興味深い。

例えば、お客さんと家主が顔を合わせないための工夫や、格子の数が階によって異なるといった繊細な造り、上質な数寄屋造りの小部屋もある。なんといっても一番目を引くのは建物の二階にある〝ハート窓〟だ。外から見ると本当によく目立つ。

なんでも、この川本楼では、遊客名簿の記録から一人の女性が相手をした客数は平均で一日あたり二名とのこと。当時ここで働いていた女性たちが、この特殊な環境下でどのように寝食し、どんな暮らしぶりだったのか、館内を回りつつも、当時の彼女たちの想いなどが偲ばれる。

木造三階建てで登録有形文化財に指定された貴重な館内を巡れるだけでなく、さらには入館料が無料なのもありがたい。雛祭りの時期には館内にたくさんのお雛様を展示したり、イベント行事もあるらしい。世のなかでもあまり知られていない「遊郭」の世界。その歴史を垣間見ることができる、多くの物語が秘められた建物だった。

当時使われていた法被。町家物語館の建物の屋号は「川本楼」だった。

1

2

3

1.思わず見とれてしまう三つ並びのハート。洞泉寺遊郭で働いていた方々も、日々この意匠を見ていたことだろう。／**2**.竣工当時から育ち続けている、中庭の棕櫚竹（シュロチク）。ずっとこの建物を見守ってきた、生き証人なのだ。／**3**.階段を上った先には、下地丸窓がお出迎え。

町家物語館

［住］奈良県大和郡山市洞泉寺町10

［電］0743-52-8008

［時］09:00～17:00（入館は16:30まで）

［休］月曜日（祝日の場合は翌平日）
祝日の翌日/年末年始

［料］無料

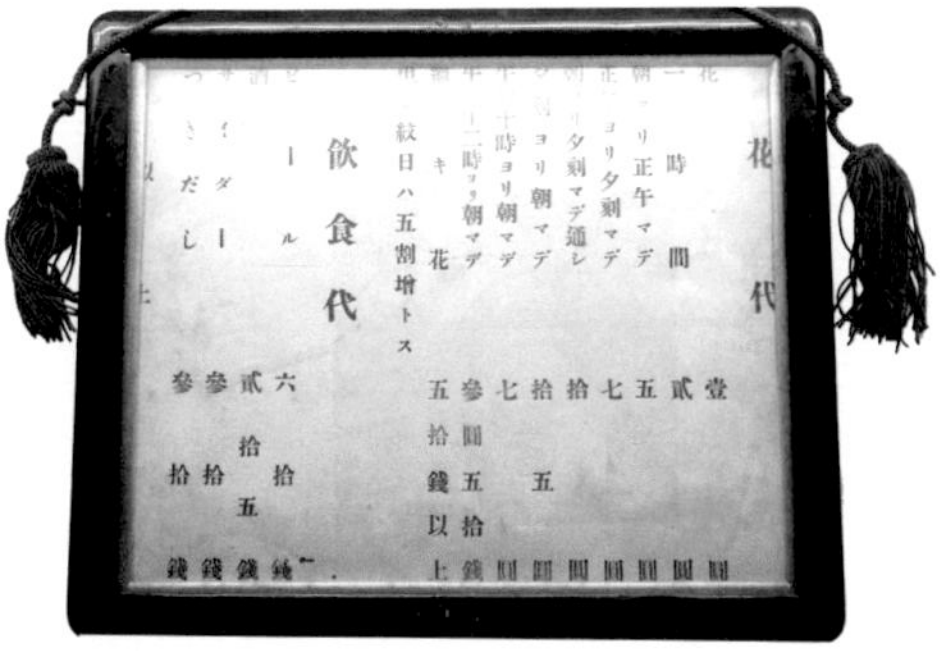

営業時のメニュー。花代の時間を見ると、「朝から正午」「正午から夕刻」「夕刻から朝」のコースがあることから、24時間営業だったことがわかる。

今の政治家にもマネしてほしい、天晴れ！濱口梧陵《はまぐちごりょう》の男の力量。

40 稲むらの火の館

和歌山県

和歌山県広川町にある「稲むらの火の館」は、かつて国語の教科書にも掲載された『稲むらの火』の物語をテーマにした博物館だ。

『稲むらの火』とは、今から160年ほど前に安政南海地震が発生した際、稲むらの火の明かりにより、夜中に襲来した津波から多くの村人が救われたという物語だ。その指揮をとったのが、ヤマサ醤油七代目当主を務めた濱口梧陵（1820～1885）で、彼は津波から人々を救っただけでなく、その後も広村を津波から守るために堤防を作る防災事業をも起こした。

そのような物語があったことから、「濱口梧陵の記念館を作るべきだ！」という声を機に記念館設立のための募金活動が始まり、その活動を知ったヤマサ醤油の社長が濱口家の建物と土地を広川町に寄付し、2007年にこの博物館は誕生した。

そんな稲むらの火の館は、稲むらの火の物語や、来るべき津波災害から身を守る教訓が学べる「津波防災教育センター」と、濱口梧陵の生涯に関する展示がある「濱口梧陵記念館」の二つの施設によって成り立っている。

館内には、パネル説明だけでなくミニ津波を発生させる津波シミュレーションや濱口梧陵に関する資料が展示されているのだが、そのなかでも3Dシアターはぜひチェックしてほしい。津波の恐ろしさ、そして稲むらの火の物語に関して3D映像を通してより深く学べるはずだ。

地震や津波は、時が経つと意識が薄れてしまうものの、このような施設を通じて防災の意識を再認識することは、今後もおそらく大地震や津波はやってくると考えると、日本で生きる上でとても大切なことではないだろうか。

さらには、広川町は防災を意識した町作りをしているため、稲むらの火の館周辺にも見所がたくさんある。

そのなかでも特筆すべきは、博物館から歩いて5分とかからない場所に今も残されている、梧陵の防災事業によって作られた広村堤防。この堤防、街を津波から守るのはもちろんだが、津波によって

梧陵が灯した稲むらの火は、暗闇のなかに灯る道しるべとなり、津波から村民を救った。

1

2

3

1.安政南海地震のあと、再び来るであろう津波に備えて築堤された堤防。村人たちが築く様子を再現している。／**2**.稲むらの火の館から歩いて5分とかからない場所に、今も現存する広村堤防。安政5年に完成したあと、昭和南海地震によって発生した津波からは広川の街を守った実績がある。／**3**.津波から村民を救った『稲むらの火』について、詳しく展示されている展示パネル。

仕事を失った方々への失業対策という側面もあったのだ。

　これらの防災事業は梧陵の私財で賄われ、彼はヤマサ醤油の七代目当主でもあったことから、その事業で得た財をこの防災事業に充てていた。千葉県銚子市で誕生したヤマサ醤油には、遠く離れた広川町の防災事業に役立っていたという壮大な物語があったのだ。

稲むらの火の館

［住］和歌山県有田郡広川町広671
［電］0737-64-1760
［時］10:00～17:00（入館は閉館60分前迄）
［休］月曜日（祝日の場合は翌平日）/
11月5日世界津波の日は開館/
年末年始（12月29日～1月4日）
［料］一般 500円/高校生 200円/小・中学生 100円
※6月15日（生誕の日）と11月5日（世界津波の日）は、
入館料無料

博物館オタクの冒険記

今でいう旅行は、江戸時代中期の頃から盛んになったそうだ。庶民にも経済的余裕が生まれ、お伊勢参りや社寺参拝などとともに物見遊山の旅を楽しんだことだろう。普段の生活において、私の楽しみもまた〝旅行〟である。旅に行くことを生きがいに、旅をするために生きているといっても、過言ではないほどだ。

本書を執筆するにあたっても、全国の博物館を取材するにあたり、実に半年もの時間をかけて旅を続けることとなった。それに合わせ、中古の軽自動車を購入。夜はいつも車中泊。大半の時間を、狭い軽自動車のなかで過ごしながらの旅となった。

1

普段はシステムエンジニアという職業上、オフィスではパソコンの画面を見つめる日々。それだけに、アイヌ、戦争、ハンセン病、さらには電話やトイレに至るまで、博物館を通じて様々な世界を知ることができたことは、自分にとって望外の喜び、そこには世界が広がる楽しさ、そして感動があった。やはり、旅は楽しく、生きる力を与えてくれる。

個人の博物館ともなると、オリジナリティあふれる館長の人生が垣間見えるところも面白い。定年後を悠々自適に博物館で過ごす人生、運営が火の車でも博物館を維持し続ける人生。人それぞれ、いろんな人生があって良いと思えて勇気をいただいた。

取材のあとにお寿司を御馳走していただけたり、「ずっと車中泊で回られて大変でしょうから、これでおいしいものでも食べてください」と、心付けまでいただいたことには本当に涙が出そうになった。

さらには今や博物館も、SNSアカウントを開設する時代。天領日田洋酒博物館では、YouTubeチャンネルにて本書を出版するための宣伝をさせていただけたほか、Twitterでは取材をさせていただいた博物館のアカウントと相互フォローをさせていただいたなど、そうした時代の流れをも実感。こうした今回の出会いを

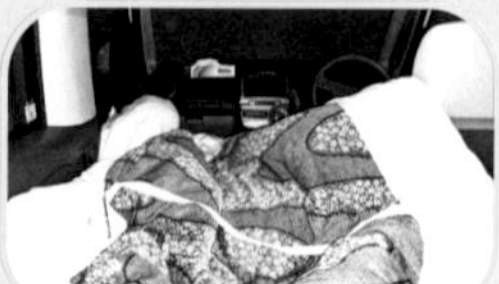
2

大切にし、これからも、博物館の楽しさを広める活動にいかしたいとも思っている。

楽しいことはたくさんあったものの、半年間もの間旅をしていれば様々なことを犠牲にもする。仕事をストップして旅を続けていたため、もちろん貯金は減っていく。個人事業主という不安定な身分であることからも、移動の車中では今後の人生についてあれこれ考え続けた。33歳で半年仕事を休んでも大丈夫か、急に不安が襲うこともしばしば。取材をしている最中、いつの間にやら私の人生相談になっていたことも、今となっては、それもいい思い出。

3

掲載させていただくこととなった博物館の方々とはもちろんのこと、旅の最中における出会いはそれにとどまらない。銭湯や旅館、さらにはキャバレーでも。

4

熊本県八代市にあるキャバレー白馬は、人気演歌歌手の八代亜紀がデビューしたことで知られるお店。外観は昔を思わせる古いネオン、そして扉を開けると、そこはまさに昭和全盛期の、あの華やかなキャバレーの世界が広がっていた。代表のご主人にもお話を伺うことができ、生バンドの演奏で昭和歌謡曲を唄う。長旅で疲れも溜まるなか、昭和を擬似体験したような、そんな夢のような時間だった。

5

今まで6年近く、ブログを通じて博物館など様々な日本中の知られざる場所を紹介してきたが、この活動を通じて最も大切だと思っていることは「人との出会い」。得た知識は忘れることがあっても、人と出会った思い出は忘れることはない。

これから先の人生で何か辛いことがあったとき、出会った方々と語らい合ったあの時の思い出が、きっと気持ちを豊かにしてくれると思っている。

1.家の近くにあるガリバーで軽自動車を購入。車中泊がメインだったため、多くの時間をこの車内で過ごすこととなった。／**2**.後部座席、助手席を倒し、布団を重ねて寝る日々。雨の日は雨粒が車に当たる音で寝付けないことも多かった。／**3**.取材先の博物館によく訪れる常連客の方に泊めていただいた際には、夕飯にすき焼きを御馳走していただけた。旅で疲労が溜まるなか、束の間のひとときだった。／**4**.八代市にあるキャバレー白馬は、レトロなネオンが灯る、賑やかだった昭和の雰囲気を存分に堪能できるお店だった。／**5**.せっかくの機会だからと、生バンドの演奏で、沢田研二の『時の過ぎゆくままに』を舞台で歌ってきた。

中国・四国

岡山県　㊶児島学生服資料館

㊷長島愛生園歴史館

山口県　㊸岩国シロヘビの館

㊹周南市回天記念館

徳島県　㊺鳴門市ドイツ館

愛媛県　㊻宇和米博物館

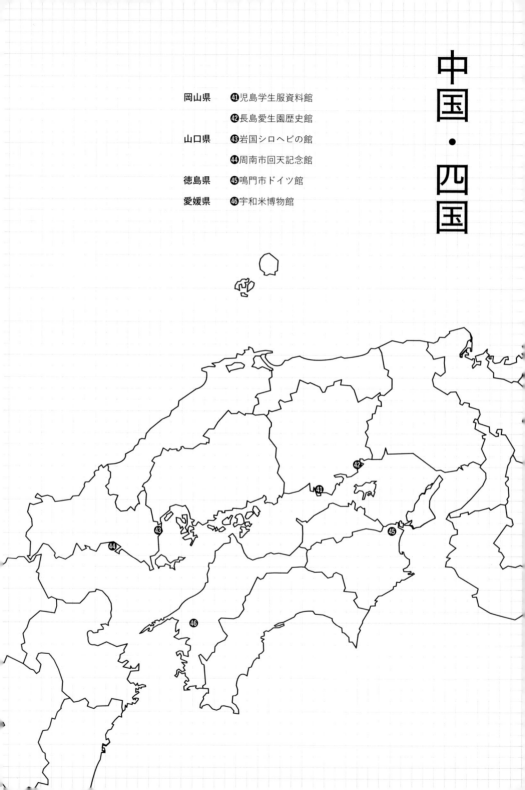

松本伊代、中森明菜、石野真子、昭和のアイドルはたいへん絵になる。私は1987年生まれだからその世代ではないが（笑）

41

児島学生服資料館

岡山県

学生服に袖を通して、あの頃の私に戻りたい！

今やジーンズの聖地として知られる岡山県倉敷市の児島地区は、世界のジーニスト憧れの「児島ジーンズストリート」で有名だが、ここに学生服をテーマにした「児島学生服資料館」があることをご存じだろうか。

資料館は日本被服株式会社の会社内にある築90年の蔵を活用し、一階には昔の工場の様子を写したたくさんの写真、学生服を縫製していたミシン類や、学生服そのもの、そしてボタンや小物など様々なものが展示されている。

しかし、この博物館での一番の見所は、二階にある400着ほどの学制服のコーナーだ。ここでは好きな学生服を自由に試着できる。この体験をするために若い女性から熟年層まで幅広い年齢層が訪れ、最近は香港や台湾など海外からの来館者もあるという。

また、マスコミからも注目されていて、いとうまい子、渡辺徹、麻丘めぐみなど、往年のアイドルたちの来館もあるとのこと。

誰でも様々な思い出がある学生服。でも、既に捨ててしまった方がほとんどだろうが、ここで制服に袖を通せば、きっとあの懐かしい時代が蘇るに違いない。

児島学生服資料館

［住］岡山県倉敷市児島下の町５丁目5-3
［電］086-473-2111
［時］10:00 ～ 17:00
［休］不定休（年末・年始休み）
［料］無料

ハンセン病から学ぶ、日本の偏見・差別の悲劇。

42

長島愛生園歴史館

岡山県

ハンセン病と差別。この二つの問題に関して深く学ぶことができる「長島愛生園歴史館」が、岡山県の長島にある。

長島にこの博物館がある背景だが、まだハンセン病に対して有効な治療法がなかった時代、患者は療養所へ隔離され、その一環として日本初の国立療養所となる長島愛生園が1930年に開園したことに起因する。

そもそもハンセン病とは、「抗酸菌（らい菌）によって引き起こされる慢性の感染症」で、現在、日本で患者が発生することはないが、世界を見るとブラジルやインドなどではまだ増え続けている。

日本初の国立療養所として誕生した長島愛生園では、現在でも、入所者の方々は園内で生活を送っている。しかし、ここで大事なポイントは、入所者の人たちはハンセン病の後遺症が残る障害者の人たちで、ハンセン病治療は既に終えているという点だ。

入所者の平均年齢は86歳。「自分たちの足跡をどこかに残したい」「子どもを持つことができないから、自分たちが亡くなると自分たちがいたことが忘れ去られてしまう」といった声が挙がったことから、長島愛生園の園内に歴史館が開館した。

逃走する可能性を考え、園内では世のなかに流通しているお金ではなく園内専用のお金が使われていた。

館内の展示室では、60年ほど前の愛生園を忠実に再現した模型が中心に置かれ、その周囲には、愛生園における入所者の暮らしに関する説明や展示品などが見られる。隔離施設という特殊な環境下であったことから、他所では見たり聞いたりできない話も多い。逃亡予防のために園内のみで使われていたお金は、まさにその一例だと思う。

また、この博物館で学ぶ重要なテーマの一つが〝偏見・差別〟という問題だ。ハンセン病は、家族で発症するケースが多かったことから〝遺伝による病気〟と誤って理解され、それが一家族に対する差別にも繋がる過去があったそうだ。そんな新たな差別を起こさないためにも、こういう場所で史実を正しく理解することはとても大事だ。

長島愛生園では、歴史館で知識を得たあと、園内施設の散策に加え、タイミングが合えば入所者の方々から体験講話を聞くことも可能だ。園内にある収容所は、1930年の9月に建てられた当時の建物で、全身の消毒や入所手続きなどが行われた場所。当時のままの建物であり、

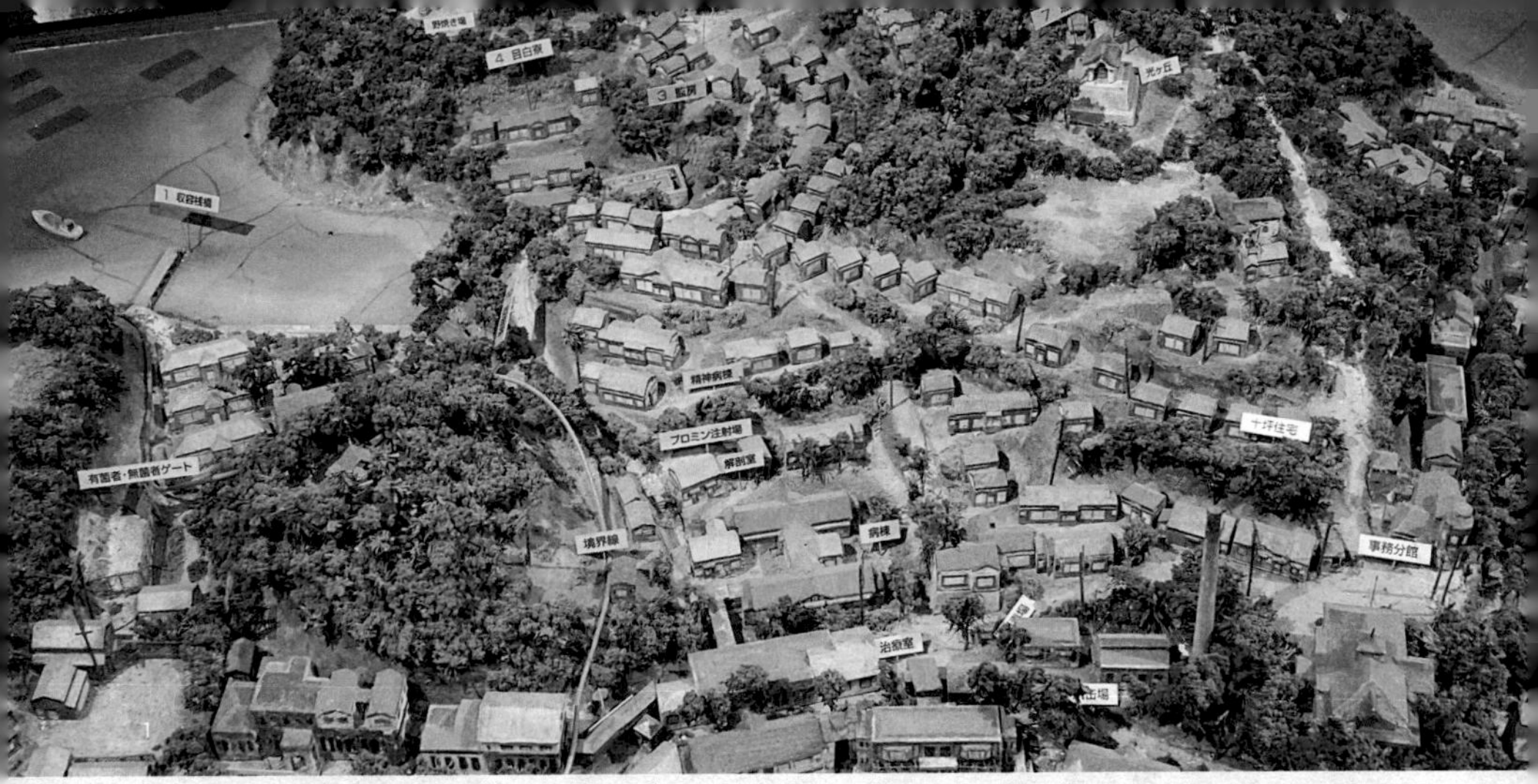

1

2

3

1.60年ほど前の長島には、このようにビッシリと建物が建てられていたようだ。住居、学校、病棟、礼拝堂などがあり、1700人ほどの入所者が暮らしていた。／**2**.かつてはベッドが並べられており、入所者の方々は、入所手続きが済むまでの1週間ほどをこの場所で過ごしたという。当時のままの建物ということもあり、実に迫力がある。／**3**.クレゾールが入った消毒風呂であり、入所者の全身をここで消毒していた。／**4**.1939年に作られた桟橋で、入所者の多くはここから上陸していた。あくまで入所者専用であり、職員などの方々は別の桟橋を利用していた。島内でも隔離は徹底されていた。

4

歴史を感じられる貴重な施設だと思うからここはぜひ見てもらいたい。

来館者の9割は修学旅行生や行政の研修などの団体とのこと。とはいえ、個人での来館ももちろん可能だ。長島は離島ではあるものの、橋が架かっているため本土から車で行くこともできる。ただし、事前に予約をしておく必要はある。

長島愛生園歴史館

[住] 岡山県瀬戸内市邑久町虫明
[電] 0869-25-0321
[時] 09:30 ～ 16:00（※見学には事前予約が必要です）
[休] 月曜・金曜/夏期休館日8月10日～8月20日/年末年始12月28日～1月5日
[料] 無料

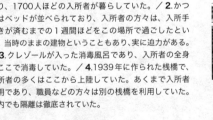

街にある土蔵などに住みついていたというシロヘビ。こうして発見した時は“縁起もの”として大切にされていたのだ。

国の天然記念物、神聖なるシロヘビに出会い、運気、金運アップだ！

43

岩国シロヘビの館

山口県

古来、シロヘビに大変由縁がある山口県岩国市には、「岩国シロヘビの館」という珍しい施設がある。

そもそもシロヘビとは、アオダイショウが突然変異することによって生まれるヘビを指し、アルビノ遺伝子という白くなる遺伝子をもっていることが白色の要因らしい。そのシロヘビは自然界で見られることはほとんどないものの、世界で唯一、この岩国だけでは一定数、何世代にもわたって残り続けていて、「岩国のシロヘビ」は国の天然記念物にも指定されている。

２０１６年に開館したこの博物館は、日本三名橋の一つ「錦帯橋」から程近い場所にあり、館内では、古文書に記載が残るほどの昔からシロヘビがこの地で親しまれていた歴史や、展示パネルやゲームを通じ、楽しみながらシロヘビの歴史や生態を紹介している。しかし、何といっても一番の見所はシロヘビの生体展示だ。

とぐろを巻いてじっと固まっているのが多いが、動き回って木を登る様子を鑑賞できることもあるから、それは行ったときのお楽しみ。フラッシュを焚かなければ写真撮影も可能だ。

また、お土産コーナーで販売されているお守りも推したい。縁起が良いと親しまれてきたシロヘビだけに多くの種類のお守りをラインナップ。

岩国では、今でもまれにシロヘビ発見の報告があり保護されているそうだ。

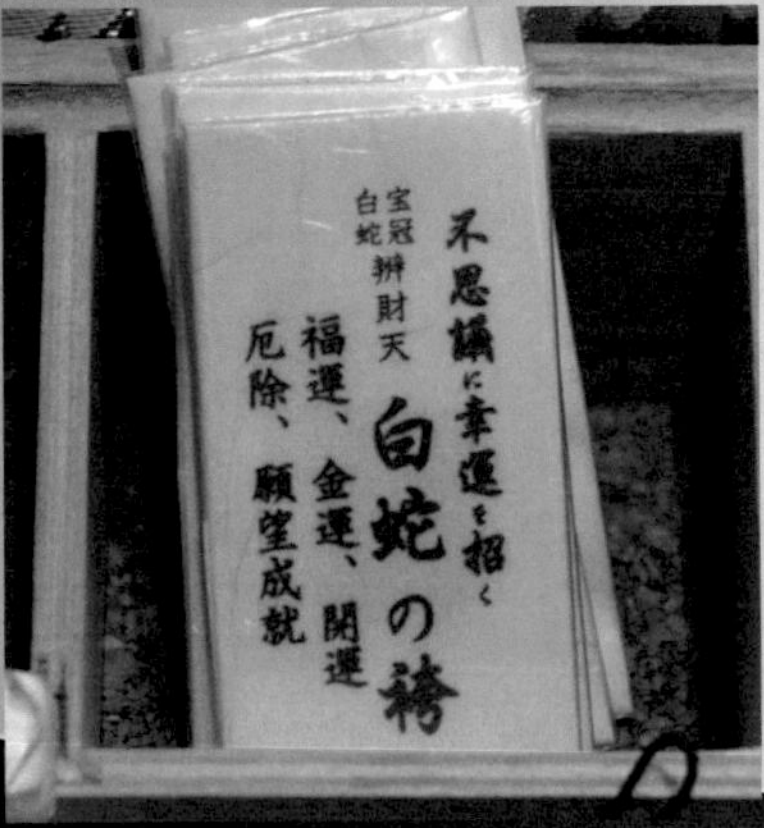

数あるグッズのなかでも、一番人気なのがこちらのお守り。本物のシロヘビの抜け殻が入っていて、これで運気・金運アップ間違いなしだ。

こうして見ると実に可愛いものだ。白く美しいだけあり、"縁起もの"といわれてきたわけがわかる気がする。

「何故岩国にシロヘビが多いのか」については未だ理由がはっきりしていないそうだが、運気や金運アップにも、ぜひ訪問してみてはいかがだろうか。

岩国シロヘビの館
[住] 山口県岩国市横山2丁目6-52
[電] 0827-35-5303
[時] 09:00～17:00
[休] 無休（保守点検等の臨時休館あり）
[料] 大人 200円/小学生・中学生 100円

死ぬのはイヤだ！それが言えなかった時代の悲劇！

44

周南市回天記念館

山口県

山口県には「回天の島」と言われる島がある。そこは山口県周南市にある大津島という島で、あの太平洋戦争と大変関わりが深い歴史ある島なのだ。

「んっ、回天って何だ？」と思う方がいらっしゃるかもしれないが、それは〝海からの特攻兵器〟とも言われた酸素魚雷をベースに開発した兵器だ。操縦をするために人一人が座るスペースを確保し、先頭には爆薬を搭載し敵艦に突っ込むのだ。そのため、「人間魚雷」ともいわれた。そう、特攻といえば神風特攻隊を思い浮かべる方が多いかもしれないが、特攻にもいろいろあって、海からの特攻兵器もあったというわけだ。

２００６年に公開された『出口のない海』という市川海老蔵主演の映画にもなったから、ご存じの方もおられるかも。

大津島が「回天の島」といわれる由縁は、太平洋戦争時に多くの青年たちがこの島で回天搭乗の訓練に明け暮れていたため。この島には、今でも回天の搭乗訓練をしていた基地の跡など当時の遺構がいくつか残されており、その島の高台にひっそりと佇んでいるのが「周南市回天記念館」だ。

回天顕彰会が発起人となって1968年に開館したこの記念館は、現在は周南市の運営となっており、回天の歴史を後世に伝えるための発信の場となっている。

館内に入ると、太平洋戦争開戦前から終戦後まで、順路に沿って時系列にパネルが展示されており、さらには隊員たちが身に

今も大津島に残されている回天訓練基地跡。大津島に訪問した際は、記念館だけでなく、ぜひこの場所にも訪れてほしい。

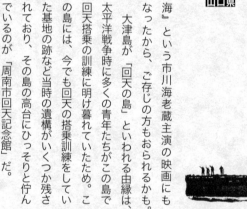

記念館の手前には、回天一型を復元したレプリカが展示されている。この長さ14.75mに及ぶ鉄の塊が、敵艦に突っ込んだわけだ。

着けていた制服、出撃前に書かれた直筆の遺書や寄せ書きなど、遺族の方々から寄贈された300点ほどの資料も展示されている。回天記念館には、展示されているもの以外に1000点ほどの資料を所蔵しているが、これらは館内にあるデジタルミュージアムシステムで閲覧が可能だ。

回天は乗ったまま敵の艦隊に突っ込むため、助かることはない。そんな死ぬための訓練を、搭乗員たちはこの島で続けていたわけだ。搭乗員や整備士の方など、回天に関わって亡くなった145名の遺影も展示されているが、彼らの年齢を見ると多くが20歳前後の若者ばかり。

彼らの遺影や直筆の遺書などを見ると、様々なことを考えてしまう。逃れられない死との対峙。肉親への惜別の情。僅か76年ほど前に書かれた、そう遠くもない歴史の片鱗だけに、これを見れば決して無関心ではいられないだろう。

そしてそれがキッカケとなって、歴史に関心を持ったり、戦争について、平和の意味などに思いを巡らせ、回天の歴史を語り継いでいくことこそが、この記念館の大きな存在意義だと思う。

さらに、ここに来たらぜひ聞いてほしいものがある。回天の搭乗員である塚本少尉が出撃の前に録音した音声だ。大変貴重な資料であり、文字ではなく実際の肉声を聞くことで、より回天の歴史に関心をもつキッカケにもなると思う。

周南市回天記念館

［住］山口県周南市大津島1960
［電］0834-85-2310
［時］08:30～16:30
［休］水曜日（祝日の場合は翌日）
年末年始（12月29日～1月3日）
［料］大人 310円/18歳以下の学生、幼児 無料

非常に静かな館内。人はまばらなことも多くじっくり鑑賞できるものの、帰りの船の時間をお忘れなく。

歓喜の歴史を作ったのは、鳴門の人々だった！

45

鳴門市ドイツ館

徳島県

「鳴門の渦潮」で知られる徳島県の鳴門市は、ドイツのリューネブルク市と姉妹都市で、ドイツととても深い関係がある。

市内を散策すると、その歴史を彷彿とさせる場所が所々に残されているが、そのなかでも一番の見所は、道の駅に併設されている「鳴門市ドイツ館」だ。

鳴門市とドイツにはどのような関わりがあったのかというと、それは今から遡ること100年ほど前、第一次世界大戦時に日本軍の捕虜となったドイツ兵約1000人が2年10か月の歳月を過ごした板東俘虜収容所が、鳴門にあったことに起因している。

この収容所の所長を務めていた松江豊寿（1872〜1956）は、捕虜の苦しい立場を理解し、規則のなかではあるが自主的な活動を認めていたため、朝と晩の点呼以外、残りの時間はほぼ自由時間だった。

そう聞くと、「えっ、何か収容所っぽくなくない？」と誰しも驚くかもしれない。収容所といえば、捕虜の人たちがひたすら強制労働をさせられているイメージが強いからだ。だが、ここの捕虜たちは自由な時間を使って、新聞を発刊したり、健康保険組合も自分たちで作るなど、自発的な様々な活動を行っていたという。さらには、地元の人たちとも交流を深め、ボランティアで橋を造ったなんて話まである。

そんな歴史を伝えるべく、1972年に開館した鳴門市ドイツ館では、当時のドイツ人捕虜の暮らしや板東の人々との交流の様子、さらには、ドイツとの国際交流を紹介している。

館内には、収容所や当時の暮らしぶりがわかる宿舎を再現した模型、新聞、雑

1

誌、絵葉書、コンサートの曲目などなど、ドイツ兵たちが収容所内で様々な活動をしていたことが窺える資料を展示。

それらはどれもクオリティ、デザインともハイレベルで、ドイツ人の優れた技術力を伝えている。

なかでも、一番の目玉は「第九シアター」であろう。

ドイツ兵たちは、収容所内で合唱団やオーケストラを作り、演奏会を行っていたが、その一環としてベートーヴェンの「交響曲第九番」を1918年6月1日、アジアで初めてコンサートとして全楽章を演奏した。

第九シアターでは、30分おきに第九初演のエピソード映像が流れ、舞台上のロボットが第九の音楽に合わせて演奏する。

そのような歴史を背景に、1982年に建てられた市の文化会館の柿落としでもベートーヴェンの第九「歓喜の歌」が演奏され、それ以降、第九の全楽章が演奏された6月の第一日曜日には毎年市内で第九が演奏されているという。

また、板東俘虜収容所関係資料をユネスコ「世界の記憶」に登録する動きも進んでいるという。今後の動向が気になるところだ。

2

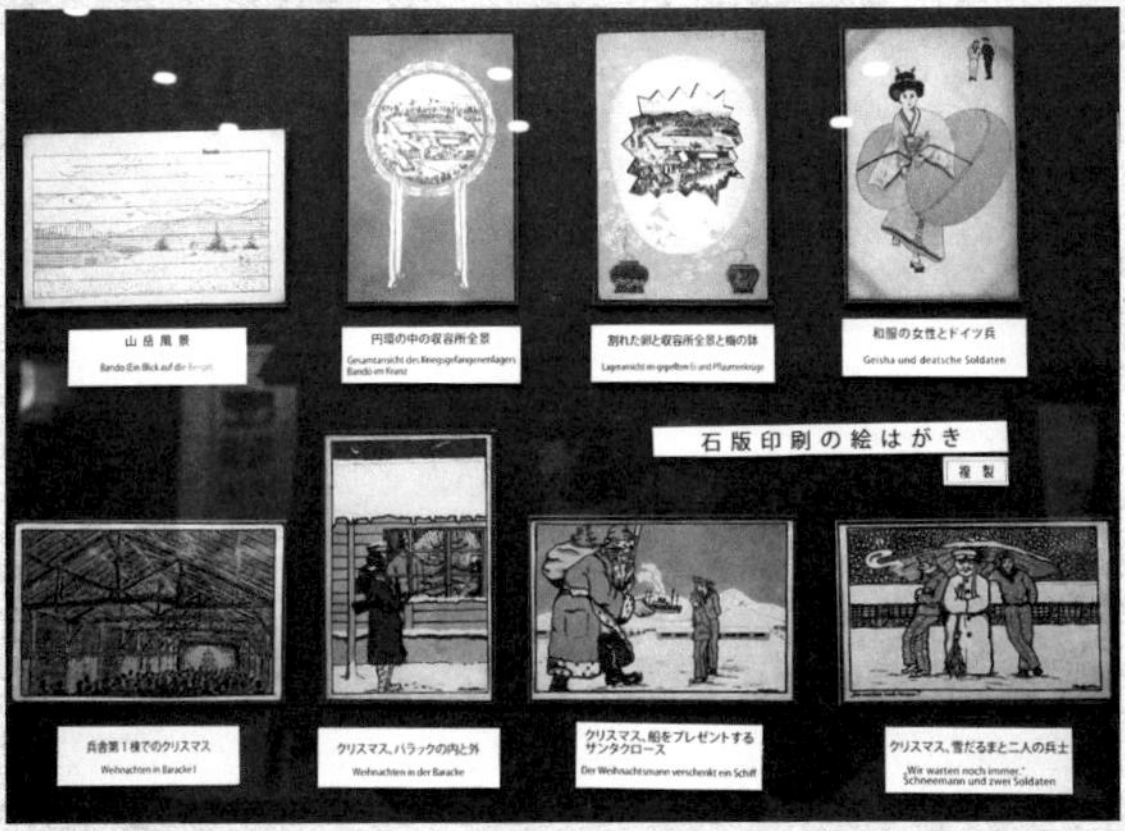

3

鳴門市ドイツ館

［住］徳島県鳴門市大麻町桧字東山田55-2
［電］088-689-0099
［時］09:30～17:00（入館は閉館30分前迄）
［休］第4月曜日（祝日の場合は翌日）／年末（12月28日～12月31日）
［料］大人 400円/小中学生 100円

1.館内一番の見所である「第九シアター」。第九初演のエピソード映像が流れた後、第九の音に合わせてロボットが演奏をするぞ。／**2**.こういった絵ハガキもたくさん作られていたようだ。どれも絵のレベルが高くて驚くばかり。／**3**.板東俘虜収容所関係資料をユネスコ「世界の記憶」へ登録することを目指すために作成された協定書。

位置に着いて！　ぞうきんがけレースもできる博物館だ！

46

宇和米博物館

愛媛県

　日本を代表するお米の生産地といえば新潟、北海道、東北を思い浮かべる方が多いのでは。でも、ここで紹介する「宇和米博物館」は、愛媛県の西予市宇和町にあるれっきとしたお米の博物館。愛媛県といえば「みかん」「鯛めし」「じゃこ天」のイメージが強く、「お米？」と思う方が多いかもしれないが、名水に恵まれた宇和町は愛媛県を代表する米産地で、そのお米の歴史を残すとともに米どころをアピールするための施設が、この博物館だ。

　そんな宇和米博物館、なんと来館者のほぼ全員がぞうきんがけを目当てに来るという。そのため「はっ？　お米の博物館でぞうきんがけって、どういうこと？」と、思ってしまう。

　宇和米博物館は、1928年建築の宇和町小学校の校舎を丘の上に移築復元して、1991年に開館。開館直後は、この辺りが南予の穀倉地帯として栄えてきたことから農機具など「お米」関連の展示が中心だったものの、その後に「日本一長い木造校舎の廊下」というこの建物の特徴を活かし「ぞうきんがけ」のイベントを始めたところ、これが大好評に。以降、ぞうきんがけレースはこの施設の名物となったわけだ。

　その廊下の長さはなんと109m。あくまで普段運動をしていない33歳になる著者の私の感想だが、実際に体験してみると、非常に長くて、足の筋肉がもたず

これが日本一長い木造校舎の廊下。109mもの長さを誇るわけだが、凄い光景やね。実際に私も体験してみた。もうね。普段の運動不足が露骨に出てしまい足がもつれるばかり。

出川哲朗さん、パンサーの向井さんなどなど多くの有名人も体験している。さらには88歳のおばあちゃん、あとは1歳の女の子も挑戦したように年齢層は幅広い。

想像以上にしんどかった。普段の運動不足が災いしたか、最後は汗だくの状態で息切れしながら倒れ込んでしまう始末（笑）。

レースとなると最速タイムが気になるところだが、それはなんと18秒17。2014年、20代の消防士の方が鉄壁の記録を残し、それ以降誰も塗り替えることができないらしい。

テレビ撮影もたびたび行われ、明石家さんま、国分太一、長瀬智也、矢部浩之など数々の有名人も挑戦している。秋には「Z―1グランプリ」という大会も行われているそうで、興味のある方はぜひその時にいらしてみては。

「お米の博物館なのに、ぞうきんがけかい！」と、ツッコミたくなる方もおられるかもしれないが、その意外性が面白い！

ただ実際に体験される場合は、くれぐれも準備体操を念入りに（笑）。

宇和米博物館

［住］愛媛県西予市宇和町卯之町2丁目24
［電］0894-62-6517
［時］09:00 ～ 17:00
［休］月曜日（祝日の場合は翌日）／年末年始
［料］無料（※ぞうきんがけレース体験料 500円）

あっ、お米の博物館ということもあって、ちゃんとこうした展示もある。あくまでも、あくまでもここはお米の博物館なのだ。

九州・沖縄

福岡県	47	門司電気通信レトロ館
	48	TOTO ミュージアム
佐賀県	49	佐賀バルーンミュージアム
長崎県	50	音浴博物館
	51	長崎市永井隆記念館
大分県	52	天領日田洋酒博物館
鹿児島県	53	知覧特攻平和会館
沖縄県	54	対馬丸記念館
	55	不屈館

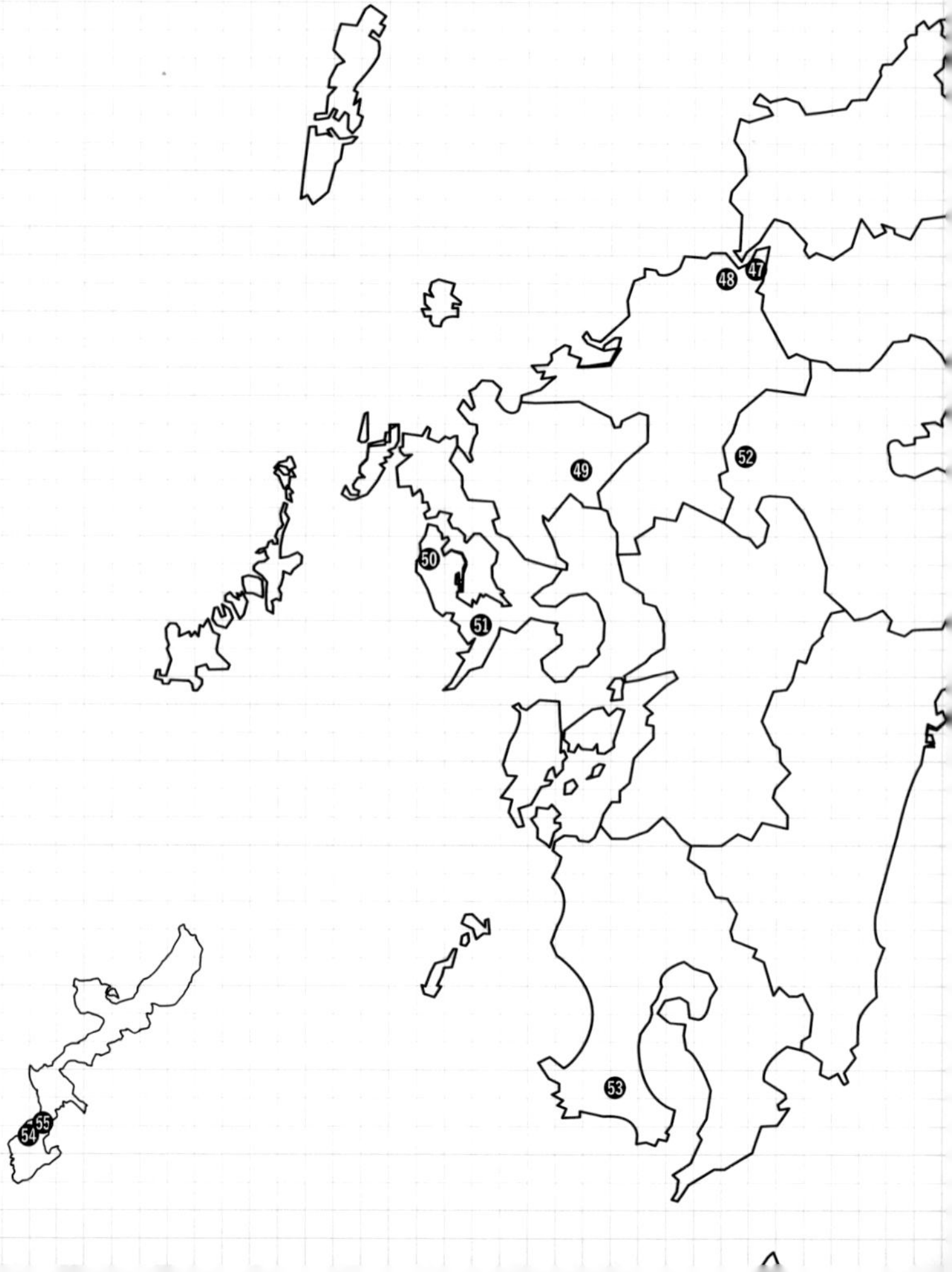

もしもし！　進化が止まらない電話のお話。

47

門司電気通信レトロ館

福岡県

今や誰しもが保有するスマートフォン。電話やメールにSNS、さらにはアプリを入れると、大抵のことはまかなえる時代になった。とはいえ、時代を遡ると、電話をかけることはものすごく大掛かりで、そもそも電話番号を持つなんて一握りの富裕層だけだった。教科書で習ったようにグラハム・ベルが1876年に電話を発明。そして、実際に電話が使えるようになるのは1890年で、電話の加入数は東京で155、横浜で42だけだった。電話開設にあたって「1番」の番号争奪戦はなかなか厳しいものがあったようだが、結果としては東京府庁（現東京都庁）となったようだ。

そんな電話の歴史に楽しく触れられるのが、福岡県の門司港にある「門司電気通信レトロ館」だ。

1994年に、門司港エリアのレトロ地区の街並み作りが行われ、当初はNTTの門司営業所の建物の三階を使って展示していたが、その後、1999年のNTT再編で門司営業所が必要なくなり、本格的に一階に開館したという背景がある。

館内は、電話機の歴史、公衆電話の歴史、体験コーナーの三つのエリアに分かれている。電話機の歴史、公衆電話の歴史のコーナーでは、明治時代に国内で初めて作られた電話機から現代でも使用されている公衆電話まで、我々の生活を支えてきた数々の電話機が館内中に展示さ

1

2

1.ずらららららっと並べられた歴代の公衆電話はカラフルで見るだけでも絵になる。「昔はこんな公衆電話があったのか」と、興奮すること間違いなし。／**2**.実物大の公衆電話ボックス。遠くから目立つようにと、灯台をイメージした形となっている。

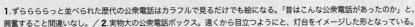

れている。そのなかでも一番目を引くのが、街中で見られた数々の公衆電話。思わず懐かしさに感動してしまうだろう。

今ではあまり見られなくなった公衆電話だが、昔は赤や黄色、青、ピンクなど様々な機種が作られていた。元々は赤い委託公衆電話がたばこ屋さんなどに置かれていたが、閉店時間になると電話が使えなくなるということで、1968年に「24時間使える」という意味を表す青色の公衆電話がボックス用に誕生。さらに、10円のみだと長電話の際にたびたび硬貨を投入する必要があることから、1972年には「100円玉が使える」黄色の公衆電話が誕生し、1982年にはカード式も活躍。

1987年生まれの私からすると、公衆電話は緑色が最初だと思っていたから、このような背景があったとは本当に驚き。

そしてもう一つの目玉が、1871年から使用されたモールス印字電信機をはじめ、体験コーナーにある手動電話交換機。スマホ世代の方には聞き慣れない言葉かもしれないが、昭和の時代までは電話交換手という花形職業が存在しており、話したい相手同士を人が繋いでいたのだ。電話をかけてから交換機を繋いで相手と話すまでの流れは、展示物を使って体験できるから、ぜひふれてみてほしい。「昔はこんな感じで電話を繋いでいたのか！」という驚きを実感できるはずだ。

それだけではなく、実はこの博物館には二階と三階の非公開エリアが存在する。他所では見ることができない電話交換機があり、事前に予約すれば一日二組まで見学することが可能だ。ここで一通り電話の歴史を学んでみると、現代のスマートフォンで電話できることがどれだけ凄いことか思い知らされ、それだけ、この博物館の存在には意味があると思う。

ちなみにこの建物は1924年に建てられた、当時では大変珍しい鉄筋コンクリートの建物。京都タワーや日本武道館も手がけ、日本のモダニズム建築を牽引した山田守（1894〜1966）によって設計され、彼のファンも多く来館するという。

交換手の方が、こうして線を繋ぐことで電話ができていた。
そのため、電話した方は「××番の方をお願いします」と、
交換手の方に伝える必要があったのだ。

ピンク色のこの電話は、特殊簡易公衆電話といわれるもの。お店のなかに設置されるタイプの電話であり、今でも老舗などではたまに見かける。

青色の公衆電話は「24時間使える」という意味を表していた。この青の公衆電話から、下部に緊急用の赤色ボタンが付けられるようになった。

公衆電話というと緑色や灰色のイメージがあるが、かつては赤色もあった。主にタバコ屋さんに置かれていたことから、営業時間内しか使えなかった。

10円玉だと長電話や長距離通話の場合に硬貨を何度も投入する必要があったため、「100円玉が使える」という意味を表した黄色い公衆電話が誕生。

NTT社員からオリジナル電話機のアイディアを募集したことで誕生した、レトロ調ピンク電話機「鹿鳴館」。

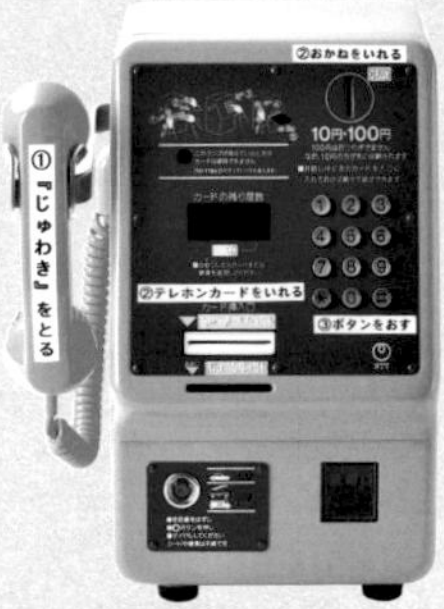

黄色い公衆電話では100円玉を入れたらお釣りが出ない作りだったため、その問題を解消したのが、磁気式テレホンカードが使える緑色の公衆電話。

門司電気通信レトロ館

[住] 福岡県北九州市門司区浜町4番1号
[電] 093-321-1199
[時] 09:00 ～ 17:00（入館は閉館30分前迄）
[休] 月曜日（祝日の場合は翌平日）
年末年始（12月29日～1月3日）
[料] 無料

快適さを徹底追求。トイレの未来こそ人類の未来だ！

48 ＴＯＴＯミュージアム 福岡県

まさか走りながら……と思うかもしれないが、あくまで環境貢献への取り組みに対するPRとして作られたもの。

ふと、普段当たり前のように利用しているトイレについて学んでみようと思い立ち、出かけた先は福岡にある「ＴＯＴＯミュージアム」。

　その名前でも分かる通り、このミュージアムは水まわりにおける住宅設備機器などの製造販売を行うメーカーであるＴＯＴＯ株式会社（以下「ＴＯＴＯ」）が運営する企業博物館で、ＴＯＴＯが２０１７年に迎えた創立１００周年の記念事業として、２０１５年８月28日に、本社がある福岡県北九州市に開設した。

　館内は四つの展示室で構成されていて、歴代の和式・洋式便器など住宅設備機器全般の展示、さらにはＴＯＴＯ創立者や歴代社長の想いを伝える展示などに分かれている。

　たくさんの便器や便座など様々な住宅設備機器が整然と並ぶ光景は本当に心地よい。展示も大変きれいだ。

　日本の水まわりの変遷を、「はるか昔」「江戸から明治」「大正から昭和の初め」「戦後から高度成長期」「昭和から平成」「未来へ」という流れで紹介しており、主な時代のトイレ空間を再現。「おばあちゃん家のトイレこんな感じだったなあ」なんて懐かしく思う方も多いはず。

　そして、旧総理大臣官邸、迎賓館赤坂離宮など、著名な現場に設置されていた貴重な製品も空間として再現。また、ＴＯＴＯは「環境に配慮したものづくり」という点も意識しており、節水商品の展示では、水洗便器で1回に流す水の量は当初の20Ｌから今では３・８Ｌまで減っている事実など、その減り具合には本当に驚いた。

　さらに、展示内容は水洗便器のみならず、キッチン、洗面化粧台、ユニットバスルームなど非常に幅広い。

　また、ミュージアムにはたくさんの食器も展示されている。というのも、ＴＯＴＯは衛生陶器を普及するために誕生した会社だが、まだ下水道が完備されていなかった時代では衛生陶器の売れ行きが芳しくなかった。そこで、事業継続のために食器の製造・販売をしていた背景があるのだ。TOTOは「トイレ」というイメージが強かっただけに、そのような過去があったことに大変驚かされた。
　生活の変化とともにトイレや住宅環境がどう進化し、変わっていくのか、これから家を持つ方は、ぜひ家族やパートナーと訪ねたら楽しいと思う。

1

2

1.これはこのミュージアムで一番見応えある光景ではないだろうか！何年も前のものから現代のものまで、これだけたくさん並べられているとワクワクするっしょ！／2.わ〜おもちゃみたい。これは戦後間もない頃、お客さんに商品説明する際に使われていたミニチュア。／3.様々な便器に実際に座ることができる体験コーナー。右の便器は、両国国技館が建てられた時に開発されたお相撲さん用。／4.館内入口の建物は、水滴をイメージして造られたとのこと。素晴らしいデザインだ。

3

4

TOTOミュージアム

［住］北九州市小倉北区中島2-1-1
［電］093-951-2534
［時］10:00〜17:00（入館は閉館30分前迄）
［休］月曜・夏期休暇・年末年始
［料］無料

バルーンにもたくさんの種類があり、こうして見るととってもアートだ。

世界に一台のフライトシミュレーターで、目指せバルーンパイロット！

49

佐賀バルーンミュージアム

佐賀県

大空を風まかせにフワフワ浮かぶカラフルな熱気球は、見ているだけでもワクワクする。

広がる平野に有明海や日本海など四方から風が吹き、熱気球を上げるのにはうってつけの好条件がそろっている佐賀県。昔から熱気球大会が行われており、佐賀の人たちは熱気球に親しみを込めて「バルーン」と呼んでいる。

毎年、秋に開催されているアジア最大規模の「佐賀インターナショナルバルーンフェスタ」や、熱気球世界選手権も三度開催され、100機ものバルーンが大空に浮かぶ光景はまさに壮大。今や佐賀はバルーンの町として有名なのだが、この佐賀のバルーン文化の発信基地として、「佐賀バルーンミュージアム」は2016年10月に開館した。

そもそもバルーンとはどんな乗り物か、バルーン大会といってもどんな競技をするのか、といった疑問が湧いてくるだろう。そういった疑問や、バルーンフェスタに関することが、このミュージアムでは映像やクイズ、また擬似体験することで楽しく学べる展示形式になっている。

佐賀で行われているバルーンフェスタは、遊覧飛行のように飛んでいるわけではなく、れっきとした競技。空の上では高度によりいろんな向きの風が吹いており、バーナーで飛ぶ高さを調節することで、目的地までどれだけ近づけるかを競うことで勝敗を決めるのだ。

1

2

1.私も挑戦。風の方向を確認しながら頭上にあるバーナーを調整し、バルーンをゴール地点までどれだけ近づけるかのゲーム。これがなかなか難しい。／**2**.カラフルなバルーンの球皮に使われている素材。各部位に合う数種類の素材を用いることで、一つのバルーンとなるそうだ。／**3**.館内には隠れミッキーのごとく、隠れバルーンがたくさん潜んでいる。

3

熱気球の操作には、日本気球連盟によるパイロットライセンスの取得が必要。でも、このミュージアムにあるバルーンフライトシミュレーターは、実物の機材を使用し再現しており、競技がどのようなものかをかなりリアルに擬似体験できる。

風が吹く方向を見ながらバーナーを調整してバルーンをゴール地点までどれだけ近づけるかのゲームになっており、やってみるとかなりハマる。成績にランクがあり、AランクかSランクを獲得すると認定バッジがもらえるため、ぜひチャレンジを!

佐賀バルーンミュージアム

[住] 佐賀県佐賀市松原2丁目 2-27
[電] 0952-40-7114
[時] 10:00～17:00（入館は閉館30分前迄）
[休] 月曜日（祝日の場合は翌日）/
年末年始（12月31日～1月1日）
[料] 大人 500円/小中高生 200円/未就学児 無料

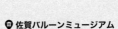

50

音浴博物館

長崎県

ようこそ、音の王国へ。山奥で感じるアナログレコードの絶頂！

イベントホールのスピーカー群。このなかから好きなスピーカーで聴くことができるのだ。ものによっては目をつぶれば生演奏を聞いてると思うほどの臨場感。本当に夢のような空間だ！

「NO MUSIC, NO LIFE」なんて、キャッチコピーもあったけど、人々の気持ちを豊かにし、暮らしや人生に欠かすことができない音楽。レコード、カセットテープ、CD、そして今やスマホでインターネットから配信される音楽をいつでもどこでもイヤホンで手軽に聴くことができる。

そんな時代に、とことんアナログにこだわった博物館がある。長崎県の山深くに位置する「音浴博物館」だ。そこは、公共交通機関での訪問はとてつもなく困難な場所であり、スマホの電波すら届かない。

廃校になった小学校を利用したという館内に入ると、そこはもう別世界。館内中にSPレコードやLPレコードなどがこれでもかと展示され、その所蔵は約16万枚にも及ぶ。昭和のレコード全盛期に聴いていた方、そして今レコードを新しいメディアとして見直されている10〜30代にもたまらない博物館だ。

そもそも、なぜこんな山奥にこれだけのレコードを収蔵する博物館が誕生したのか。この地区は、戦後に満州から引き揚げてきた人たちが開拓団として入植した場所。そして音浴博物館は、その家族の子どもたちが通う学校として建てられた建物があったところなのだ。学校が廃校になると、赤十字によるベトナム難民を受け入れる施設への改装を経て、その後、まさに廃屋となったところに岡山でレコードを蒐集していた栗原榮一朗さん（1947〜2005）が新しい収蔵場所としてこの地に2000年に移転してきたのだ。

レコードのコレクションだけでも驚愕なのだが、「音を全身で浴びることができる」という栗原氏のコンセプトにも驚かされる。さらに、館内には美空ひばり、沢田研二、荒井由実、サザンオールスターズ、YMO、もちろんエルビス、ビートルズ、クイーンなど昭和の時代を彩った国内外の歌手たちのアナログレコードが並べられ、それらを自由に手に取り、聴くことができるのだ。

館内の5か所に自由に操作できる当時の音響装置が用意されているが、一番凄いのは奥のイベントホールにあるスピーカー群。そこからお気に入りのスピーカーが選べる。本当にここでしか体験できない贅沢で、レコードに針を落とし、スピーカーから溢れる音楽を全身で浴びると、それはイヤホンで聴く音楽とは比べ物にならない。歌声だけでなく、ギター、ベース、ドラム、どの音も目をつぶると生で演奏しているようだ。

私は荒井由実の『ひこうき雲』を聴かせてもらったが、本当にデビュー当時のユーミンが目の前で歌っているようで感動した。

ここはスマホの電波も届かない山奥だから来館するのは少し大変かもしれない。でも、だからこそなのだ。この風の音と鳥のさえずりしか聞こえない環境で聴くからこそ、都会では味わえない特別感があるのだ。

そんなことで、好きなレコードがあれば改めてここで片っ端から聴いてみたくなり、自然と滞在時間も長くなる。そんな来訪者のために、館内にはコーヒーや、カップヌードルも売られている。なかには、弁当持参で八時間近く滞在するツワモノだっているそうだ。

その他にも、ジュークボックスや福山雅治の希少なレコードなども展示され、レコード好き、昭和レトロ好きにはたまらない場所。アナログで聴く音楽の素晴らしさを、音浴博物館でぜひぜひ体験してほしい。

1

1.こちらに並べられているのは、すべてSPレコード。これまたレコード尽くしの凄い光景。／**2**.職業訓練学校の教師をしながら趣味でレコードを集め続けた栗原榮一朗さん。彼のコレクションがあったことで、音浴博物館は誕生したのだ。

2

音浴博物館
［住］長崎県西海市大瀬戸町雪浦河通郷342-80
［電］0959-37-0222
［時］10:00～18:00（入館は閉館30分前迄）
［休］木曜日（祝日の場合は翌日）
12月29日～1月3日
［料］一般 750円/小・中学生 320円/
小学生未満 無料（但し、保護者の同伴が必要）

長崎の平和の鐘よ、永遠に！

51

長崎市永井隆記念館

長崎県

1945年8月、広島とともに長崎に投下された原子爆弾。街は焦土と化し、多くの人が被ばくし命を奪われた。人類史上最も悲惨なこの歴史は決して繰り返されてはならず、そんな〝平和〟という言葉が大きなキーワードとなる記念館が長崎市にはある。

その名は「長崎市永井隆記念館」。

永井隆（1908〜1951）とは、ここ長崎の地で小説の執筆活動を通じて平和を訴え続けた方だ。

そもそも島根県松江市に生まれた永井は、長崎医科大学に入学してレントゲンの医者となる。太平洋戦争が始まると、戦時下でレントゲン撮影用のフィルムが不足していたため、結核患者のレントゲン画像を肉眼で見て診察し、放射線を浴び続けることとなった。身体への負荷は覚悟していたものの、遂にそれが原因で白血病におかされ、余命3年の宣告を受けたのだ。

戦後は病状が悪化。妻は被災が原因で先立ってしまう。しかし、永井はそんな身体を押して多くの被ばく者の救護を行った。教会仲間が建ててくれた2畳程の病室兼書斎である「如己堂《にょこどう》」で寝たきり生活を送るも、亡くなるまでの3年間ほどを執筆活動に明け暮れた。ちなみに「如己堂」とは、聖書の一説「己のごとく隣人を愛せよ」という言葉から名付けている。

永井はこの部屋から、『ロザリオの鎖』『この子を残して』『生命の河』『長崎の鐘』など17の小説と随筆を発表し、『この子を残して』は映画化、『長崎の鐘』はレコード化されている。

原爆落下地点の北西にある記念館は、一階が展示室で二階が図書館となっている。永井が亡くなった翌年の1952年に、永井を顕彰して長崎市立永井図書館が開館したのが始まりで、記念館は1969年に開館。現在の建物は2000年にリニューアルした時に完成した。来館者は年間14万人にもなり、その半分ほどは修学旅行生が平和学習として訪れるという。

館内には、永井隆の偉業を伝える年表や遺品、さらには彼が生前に執筆した小

レントゲン医師だった永井隆は、多くの被ばく者の救護を行ったほか、白血病によって余命宣告を受ける。晩年は、小説の執筆活動を通じて平和を訴え続けた。

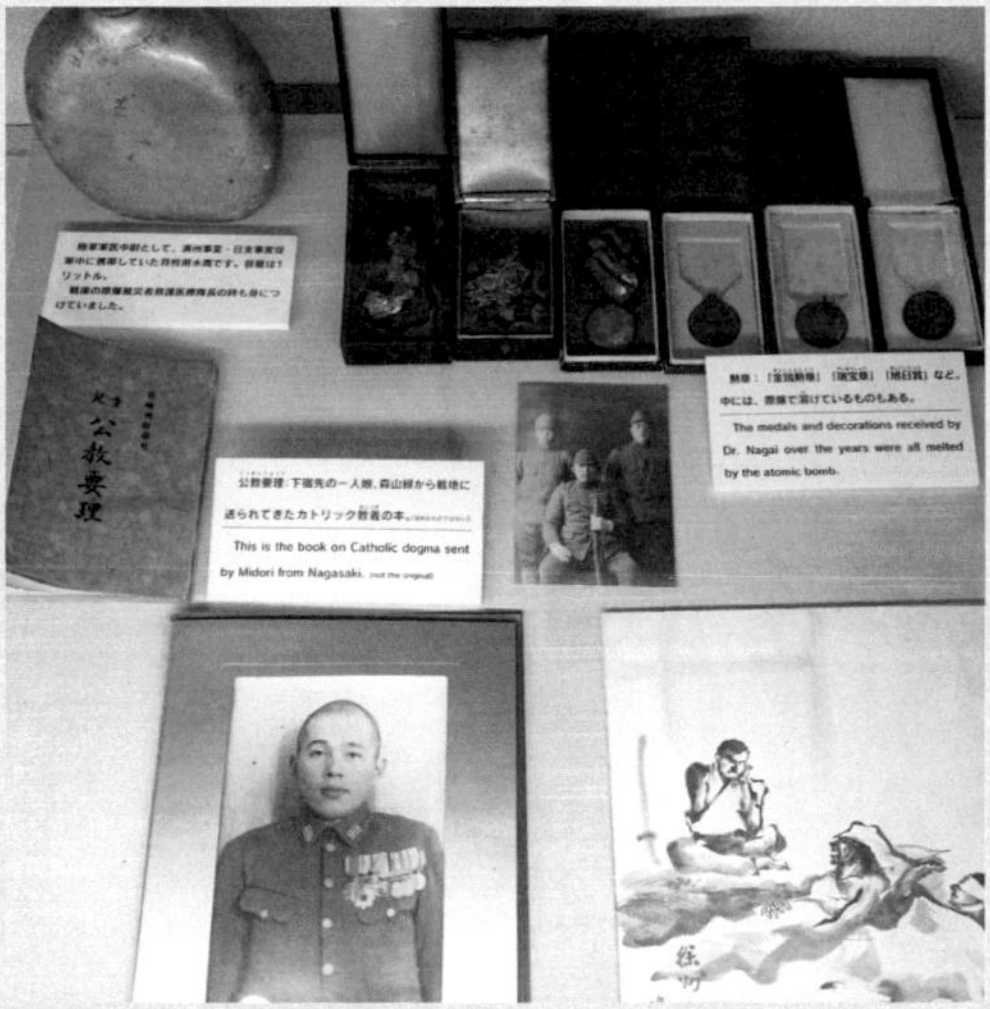

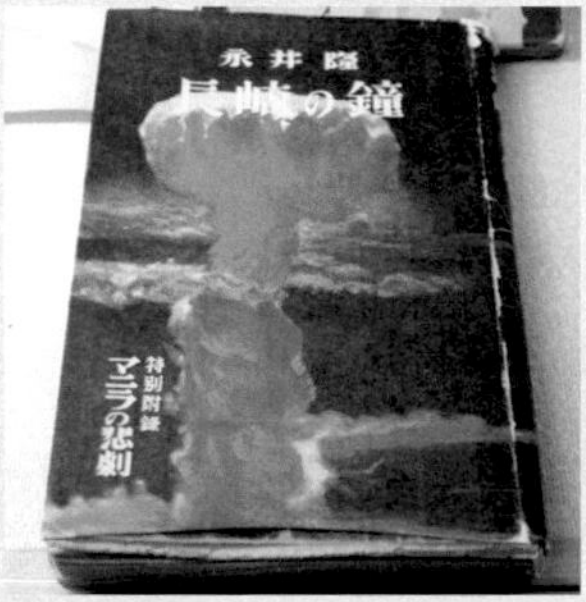

1.短期軍医に採用され、広島の歩兵だった過去もある。／**2**.ベストセラーとなった『長崎の鐘』は、永井が最初に書いた小説。歌謡曲にもなり、後には映画化もされた。／**3**.記念館のこじんまりとした展示室には、永井に関する遺品や年表などが展示されている。／**4**.ローマ教皇から授かったロザリオ。

説などを展示。そのなかには、ヘレン・ケラー女史が永井のもとを訪れた際の写真や、ローマ教皇から拝受したロザリオなどもある。また、生涯をまとめた映像作品も流されている。

如己堂はいまも残され、見学もできる。永井がどのような想いで生き、どのようなものを残し、何を未来に伝えたかったのか。館内の展示物を通して、多くの方に平和について、献身について想像してほしい。

長崎市永井隆記念館

［住］長崎県長崎市上野町22番6号
［電］095-844-3496
［時］09:00 ～ 17:00
［休］12月29日～ 1月3日
［料］一般（15歳以上）100円/小中高生以下 無料

思わず驚きの声をあげてしまうほどの光景が広がる館内。まさにここでしか見られない、唯一無二の光景と言えるだろう。

驚愕の洋酒コレクションに酔いしれよ！

52

天領日田洋酒博物館

大分県

大分県の日田市は、江戸時代天領として九州の政治の中心地だった歴史がある。今でも昔ながらの趣を残す観光地だが、そこに凄い数の洋酒を展示する「天領日田洋酒博物館」がある。

館長の高嶋甲子郎さん（1968〜）が40年間にわたって集めに集めまくった、およそ3万点にも及ぶ洋酒コレクションは驚異的。そして、展示物それぞれに独特なデザインがあって、どれも素晴らしい。写真映えもするし、撮影もOKだからバンバンSNSにアップしたくなる！

洋酒は本当に様々。世界一小さい洋酒としてギネスブックに認定されているもの、ニッカウヰスキー創業者である竹鶴政孝さんによって作られた本物の蒸留窯まで設置。

さらに、コレクションはお酒だけにとどまらず、コースターや灰皿、さらには曲のタイトルがお酒に絡むレコードなど、お酒に関わるものなら何でもそろえているというこだわりぶりだ。

これらの尋常でないコレクションは、その背景も大変気になるところだ。高嶋さんが洋酒コレクションにハマったのはなんと13歳の時。小さい頃から「アメリカ・ヨーロッパへの憧れ」「大人への憧れ」「ボトルのロゴなどのカッコ良さへの憧れ」があり、蒐集を始めたのは中学生の時。資金は当時から親戚の店でバイトをしたり、伝書鳩を飼育、繁殖させ、鳩を売るなど様々な方法で得ていたとい

う。高嶋さんの家系はみな商売人だったそうで、そのDNAを受け継いでいたようだ。

　その情熱は衰えることなく40年、ひたすら洋酒のコレクションに没頭し続け、この博物館は誕生したのだ。

　館内にはイカしたバーだって併設されていて、カウンターに並ぶお酒の量もかなりの数だ。お酒を嗜みながらコレクションを鑑賞でき、まさに一石二鳥。

　これだけの博物館を個人で維持するのは実際大変で、運営は火の車状態。元々映画館だった建物を博物館にするために改装し、毎月の家賃も発生、さらに現在もコレクションを続けているためその購入費などが高嶋さんに降りかかる。数年前には自分が経営していた四つの会社が全焼するなど、これまでの道のりは波乱万丈だった。奥さんとだって、「首の皮一枚で繋がっている」と笑っていた。

　そこまでして運営するのは、この博物

1

2

3

1.併設されているバー「kt,s Museum Bar」。なんてゴージャス！／**2**.ギネスに認定されている世界一小さいウイスキーなんだって！　めっちゃ小さいこれらのボトルにもお酒が入っている。／**3**.マリリン・モンローとエルヴィス・プレスリーのボトル。凝ってますな〜。

館を訪問してくれるお客さんとの日々の出会いが楽しみだからと語る高嶋さん。新聞やテレビなどにもたびたび取り上げられており、人気グルメ漫画『クッキングパパ』にも登場。2017年には、タモリさんがプライベートでフラリと訪れたという。帰り際、タモリさんの「今度は、ゆっくり飲みに来るから！」の言葉に、高嶋さんはとっておきのお酒を常に用意して待っているらしい。果たして、次の訪問はいつになるのか。

天領日田洋酒博物館

［住］大分県日田市本庄町 3-4
［電］0973-28-5266
［時］11:00 ～ 17:00
［休］水曜日
［料］高校生以上 800円/小中学生 500円
（※ソフトドリンク付き）

53

知覧特攻平和会館

鹿児島県

もはや残された道は玉砕と特攻しかなかったのか。知覧で学ぶ平和の意義！

鹿児島県南九州市知覧町。薩摩半島の南部に位置し、鹿児島のブランド茶である知覧茶が有名な場所。県道を走り、全国の戦争遺族、関係者、有志から寄進された灯籠が並ぶ光景が現れると、「知覧特攻平和会館」の建物はすぐだ。

特攻平和観音堂、忠実に復元された一式戦闘機「隼」などの関連史跡も、知覧平和公園内に佇んでいる。

特攻とは「戦闘機などに爆弾を搭載し、搭乗員もろとも敵艦隊に突っ込む作戦」のこと。遂行すれば若い搭乗員たちの命は助からない、なのに何故このような作戦が行われたのか、そこまで戦況が逼迫して、何故強行突入に国運を賭けなければいけなかったのか。

知覧町に特攻平和会館がある背景には、福岡県にあった大刀洗陸軍飛行場の分校として、1941年12月に知覧飛行学校が開設したことが大きく関係している。知覧飛行学校は、元々はパイロット

の養成を目的に作られた飛行場だったが、太平洋戦争の開戦から半年ほどで戦局は悪化。沖縄を「本土防衛の第一線として絶対に守らなくてはいけない重要な地域」と考え、知覧飛行学校は沖縄における特攻作戦の基地となったのだ。

終戦後の1955年から、この地から飛び立ち戦死した若い隊員たちのために毎年慰霊祭が行われるようになり、元特攻隊員の板津忠正さん（1925～2015）やご遺族、さらには地元住民の方々の協力により、知覧特攻平和会館は1975年に開館。

館内には、沖縄戦における陸軍の特攻作戦によって戦死した1036名の遺影が反時計回りに、そして出撃順に並べられており、遺影に合わせて、ご家族などにあてられた遺書や手紙、さらには寄せ書きや鉢巻など多数の遺品が展示されている。

遺書を見て驚かされるのは、その達筆

館内には、反時計回りの順で、沖縄戦における陸軍の特攻作戦によって戦死した1036名の遺影、そしてそれに合わせて遺書や手紙が展示されている。

遺書や寄せ書きなど数々の遺品が展示されているが、その一つ一つに特攻作戦で戦死した隊員たちの想いが込められている。

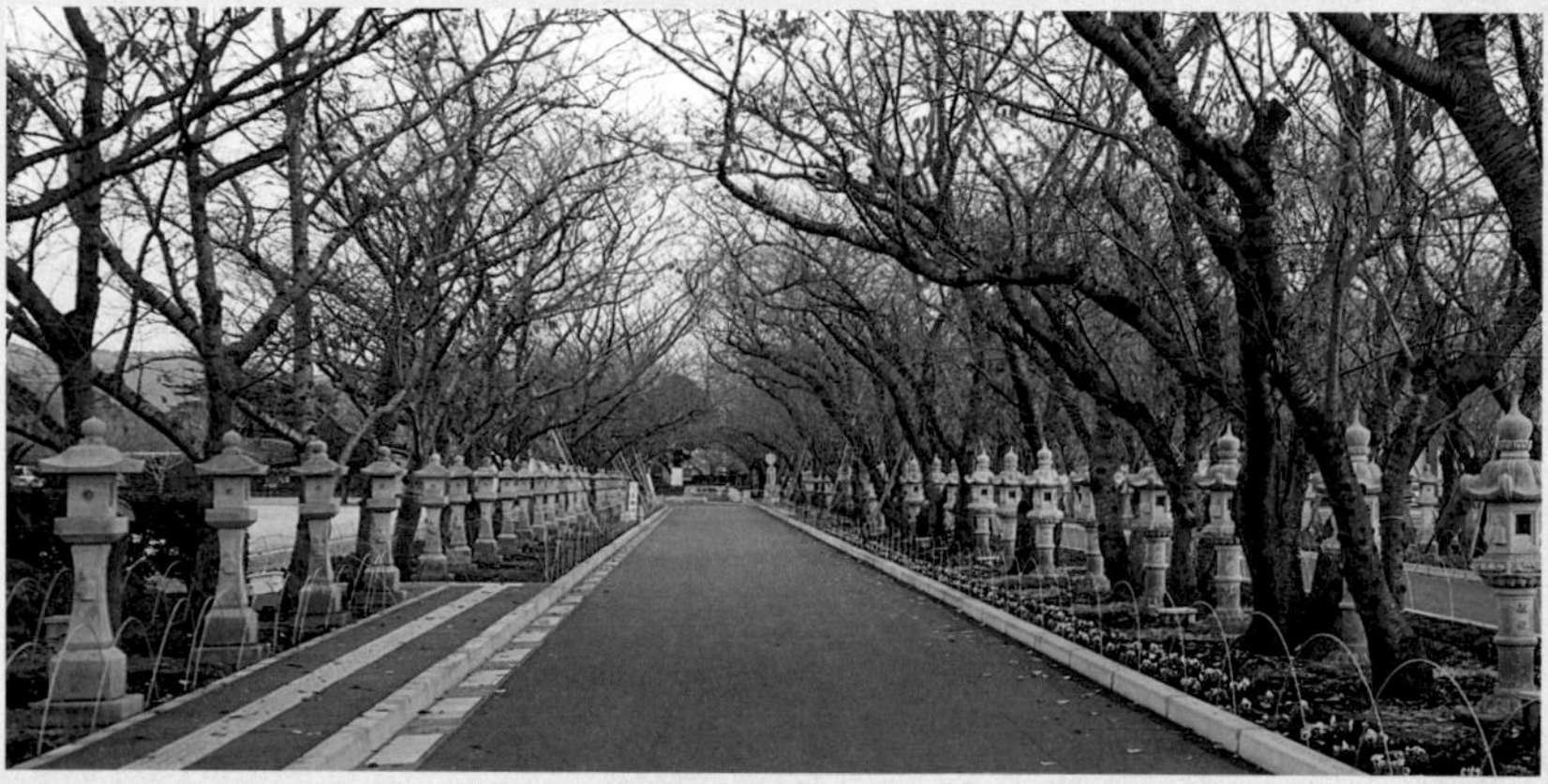

特攻平和会館そばの県道沿いには、全国のご遺族、関係者、有志の方々から寄進された灯籠が並ぶ光景が見られる。

1

2

1.知覧特攻平和会館から車で5分ほどの場所にある「ホタル館 富屋食堂」。“特攻の母”と呼ばれた鳥濱トメさんの生涯と特攻隊員との交流の遺品や写真などを展示している。／**2**.平和会館のそばにある、特攻隊員の方々が特攻直前まで滞在していた三角兵舎の復元。隊員たちはここでトランプをしたり、明かりの下で遺書や手紙を書き残すなどした。

さだ。文章も驚く程大人びている。20歳前後の特攻隊員の状況も様々で、恋人がいたり、結婚してお子さんがいたり、プロ野球選手もいた。お子さん宛にあえてカタカナで書かれているものもあり、心を打たれた。

助からない特攻作戦を行うことで、あらゆる物語があった。「思い残すことなく特攻できるよう、我が子を抱え川に飛び込んだ妻」「物心ついてから読むようにと、息子宛に遺書を残した若き父」「婚約者に、結婚できない悔いを綴った隊員」など。

私が訪問した時、遺書などをじっと見つめ、なかには目頭を押さえる方も見受けられた。年中無休のこの施設には、一般の来館者だけでなく年間500校もの修学旅行生たちが訪れる。実際の特攻隊員たちの遺書・遺品を見て、彼らは何を思っただろうか。

館内には遺影や遺品の展示物があるだけでなく、〝特攻の母〟と言われた鳥濱トメさん（1902〜1992）、さらには〝なでしこ隊〟として特攻隊の世話係をしていた人の証言ビデオも鑑賞でき、とても貴重な資料だと思う。

太平洋戦争が終戦してから年月も経ち、当時を知る方々が少なくなっている今、特攻作戦の史実を語り継ぐこの施設の意義はとても大きい。知覧特攻平和会館を訪れ実際の戦争遺跡を見て歩き、戦争、そして平和について考えてみませんか。

知覧特攻平和会館

［住］鹿児島県南九州市知覧町郡17881番地
［電］0993-83-2525
［時］09:00 ～ 17:00（入館は閉館30分前迄）
［休］年中無休
［料］大人 500円/小人 300円

54

対馬丸記念館

沖縄県

魚雷攻撃で海の泡と消えた子どもたち……隠された歴史の扉を開けば！

太平洋戦争の最中、激しい地上戦が勃発した沖縄には、ひめゆりの塔、魂魄の塔など沖縄戦の悲劇を伝える慰霊碑や、佐喜眞美術館、反戦平和資料館 ヌチドゥタカラの家など、史実を伝える資料館が数多く存在する。だが、沖縄本島の北側に位置する悪石島沖で米潜水艦の魚雷攻撃を受けて沈没した、対馬丸の史実を後世に伝える「対馬丸記念館」があることはあまり知られていない。

対馬丸の史実とは、アメリカ軍により沈められた民間の疎開船に関する物語のこと。

1944年7月、サイパン島が占領され、敗戦の影が色濃くなるなか、「敵は必ず沖縄に上陸する」と見た参謀本部の要請で、政府は奄美大島以南の琉球列島を対象に、戦力にならない老人、子ども、女性たちの九州への疎開を決定。

子どもたちは、九州へ行けば沖縄では見ることができない汽車や雪が見られるなど、修学旅行のような気分だったそうだ。対馬丸は8月21日の夕方に、疎開児童、引率教員などを乗せ、長崎を目指して出航。しかし、対馬丸は建造から30年も経った老朽貨物船だったこともあり、航行速度が遅く、アメリカからすると格好の標的だった。

そして8月22日の夜10時過ぎ、鹿児島県悪石島の北西10㎞の地点を航行中に、米潜水艦ボーフィン号の魚雷攻撃を受けて対馬丸は沈められることとなった。多くの人々が海に投げ出され、イカダにすがり飲まず食わずのまま漂流し続けて生き延びた方はいたものの、最終的には1482名が犠牲となった。

この記念館が誕生した大きなキッカケは、1997年に遺族会からの要請に基づいて行われた海底探索だった。探索したところ、水深871mの場所で船体を発見。しかし、長きにわたり海に沈んでおり、その水深もかなり深いことから引き上げることは不可能で、その代替案として記念館を建設することとなった。

記念館の建物は対馬丸をイメージしていて、入り口が二階になっているのも、実際の船の入り口に高さを合わせているからであり、二階から入り、一階に下る

1

2

1.この記念館のシンボルになっている、犠牲となった姉妹が使っていたランドセル。残っているのは別の船に載せていたからであり、保管していた母親から、記念館に寄贈されたもの。／**2**.対馬丸は30年近く前に竣工した老朽貨物船だった。ボーフィン号から放たれた4発の魚雷が命中し、悪石島沖に沈没することとなった。

館内の一階には、犠牲となった方々の遺品や遺影が展示されている。遺影は五十音順に並べられ、その多くが幼い子どもたちだ。

順路はまさに対馬丸の船内そのもの。一階の天井には、人々が漂流物にしがみつく様子を表現するなど、展示資料のみならず様々な形で事件を伝え、鎮魂のメッセージを伝えている。

遺品や遺影は、後の十・十空襲や沖縄戦によってほとんどが消失してしまったが、成績表、文具、衣類などが、僅かに学校の教室を再現した一階にて展示されている。

パネル展示もあり、事件の概要、生存者が海に投げ出され漂流していた時の、切羽詰まった状況も書かれていた。それは、〝直射日光に当たり続け皮膚は赤く焼けただれ、夜は海水に浸かり寒さに震えた〟というように。長い人では一週間近く飲まず食わずで漂流し続けたことを考えると、生存者がいたことはまさに奇跡。

館内では生存者の方々の証言ビデオや、語り部による講話も行われている。戦争で夢を断ちきられた子どもたちの想いを、現代の子どもたちに受け継いで、強く生きてほしい、という資料館のメッセージを感じた。

沖縄というと、太平洋戦争でいえば沖縄戦のイメージが強いとは思うが、実はこのような知られざる事件が多々あり、その記念館がひっそりと佇んでいるのだ。その被害を受けた対馬丸は、今も、悪石島沖の海底に沈んでいる。

対馬丸記念館

［住］沖縄県那覇市若狭1-25-37
［電］098-941-3515
［時］09:00 ～ 17:00（入館は閉館30分前迄）
［休］木曜日／年末年始（12月31日～1月3日）
［料］大人 500円／中・高校生 300円／小学生 100円

カッコいいとはこういうことさ。カメジロー、こんな男、ちょっといないぜ。

55

不屈館

沖縄県

戦後、長い間アメリカに占領され続け、1972年にようやく本土復帰となった沖縄。米軍統治下のその時代に、不屈の精神で米軍にNOと叫び続けた男がいた。彼の名は瀬長亀次郎（1907〜2001）。彼の波乱の人生と、彼が残した膨大な資料を紹介する、その名も「不屈館」は、沖縄の民衆の闘いを後世に伝える資料館だ。

2013年3月に開館した不屈館は、那覇市内の海岸沿いの、観光地として有名な国際通りからは少し外れた場所にあり、ビルの入り口に彫られた〝不屈〟の二文字が印象的だ。

館長を務める亀次郎さんの次女、内村千尋さんは、「ここは個人資料館ではなく、戦後の沖縄の歴史を伝えるための場所」と語るように、展示物の内容は、亀次郎さんにまつわるものに限らず、米軍統治下だった当時使われていた通貨やその時代の史実をまとめた書籍など幅広い。

確かに、沖縄には沖縄戦の事実を伝える資料館は多いものの、戦後の沖縄の歴史を伝える場所はほとんどなく、米軍統治下における県民の不屈の闘いを学べる場は希少だ。

瀬長亀次郎さんは、1907年に沖縄県に生まれた。丹那トンネル労働争議を指導して治安維持法違反で検挙され懲役3年の刑を受け、その後はジャーナリストとして活動するも、沖縄から退去命令を受けた人民党員をかくまった容疑で逮捕、投獄。その後はアメリカ占領下で米軍から妨害を受けるものの那覇市長に出馬し当選。さらにその後は立法院議員、衆議院議員と、長きにわたり政治の世界に関わる激動の人生を歩んだ。

米軍統治下、祖国復帰に向け民衆をリードし続けた亀次郎さんの演説には毎回多くの沖縄県民が集まり、民衆はそのたびに勇気づけられ奮い立った。今でも亀次郎さんを知る沖縄県民は多く、楽曲として取り上げられているほか、2017年には亀次郎さんの生涯を描いたドキュメンタリー映画『米軍が最も恐れた男〜その名は、カメジロー〜』も制作された。

一つ一つの資料を細かく見ると、とても一日では見きれないほどの量だが、保管してあるすべての資料は、展示している数の10倍程にもなるという。政治家時代に亀次郎さんが身に着けていた愛用品、

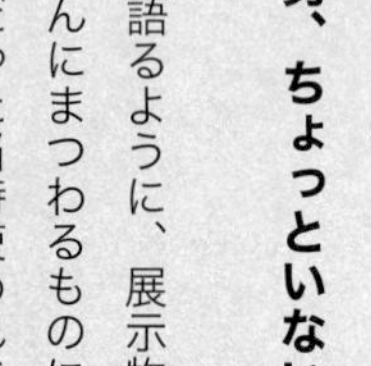

メモ魔だった亀次郎さんは日々日記を書き続けており、その原点が、獄中で書き続けた『獄中日記』なのだ。

2001年、94歳で亡くなった瀬長亀次郎さん。沖縄の祖国復帰と平和な社会の実現を目指し、沖縄県民に愛された英雄なのだ。

衣装や、那覇市長の時代に全国から送られたハガキ、日記、獄中で読んでいた書籍など、種類は多岐にわたる。

そして、館長やスタッフとの距離が近く、気軽に質問に答えてもらえるのが嬉しい。館長からは、獄中の亀次郎さんに差し入れをしに行った時のことなど、いろいろなエピソードを語ってもらえた。

沖縄というと、沖縄県立博物館・美術館（おきみゅー）や沖縄美ら海水族館など有名どころの施設もたくさんあるが、こうした知られざる歴史を扱う資料館も多い。そうした場所に目を向け、知られざる偉人の物語に触れるのも大切だと思った。ぜひ、那覇まで来たらここを訪ねてほしい。

館長を務めるのは、瀬長亀次郎さんの次女である内村千尋さん。不屈館に関して聞きたいことがあれば、大変親切に対応してくれる。

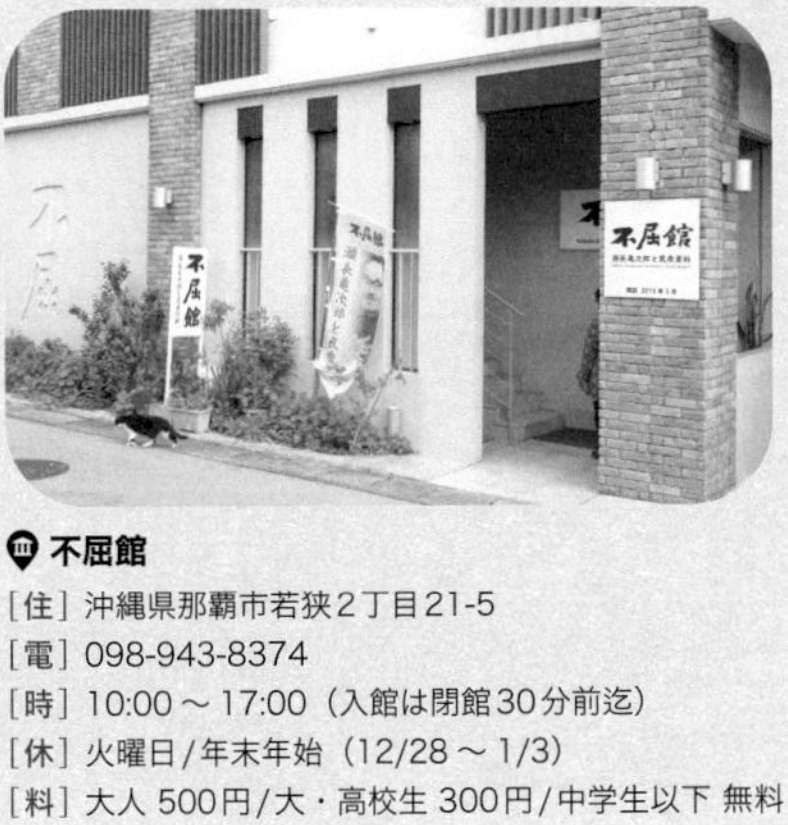

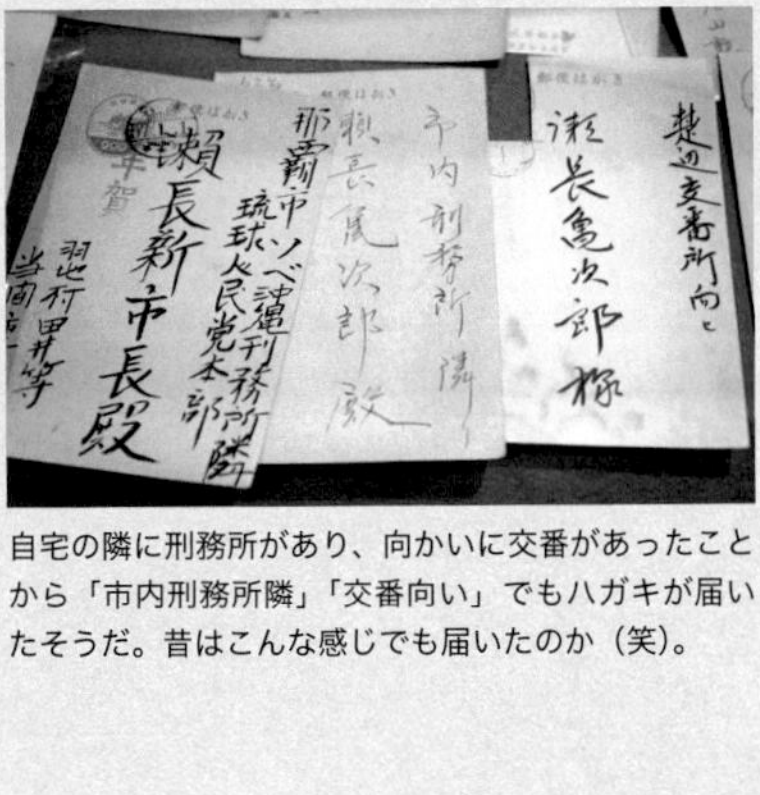

自宅の隣に刑務所があり、向かいに交番があったことから「市内刑務所隣」「交番向い」でもハガキが届いたそうだ。昔はこんな感じでも届いたのか（笑）。

不屈館

［住］沖縄県那覇市若狭2丁目21-5
［電］098-943-8374
［時］10:00 ～ 17:00（入館は閉館30分前迄）
［休］火曜日/年末年始（12/28 ～ 1/3）
［料］大人 500円/大・高校生 300円/中学生以下 無料

あとがき

実は、本書を出版するキッカケとなったのは、2020年1月放送の地上波テレビへの出演だった。博物館マニアとして、選定した7か所の博物館を番組内で紹介するという内容だ。

ところが、残念なことに、その出演は急遽中止となってしまった。

それまで5年近く、ブログ『知の冒険』で全国の博物館を紹介し続け、やっと掴んだビッグチャンス。ショックは大きかったものの、その番組を担当していたディレクターの方に本の出版を勧めていただき、みらいパブリッシングで既に数冊の本を出版している岩本薫さんを通して、出版させていただけることになった。

全国の博物館を紹介する本を作るべく、土日の時間だけでは取材しきれないと考え、本業であるシステムエンジニアの仕事は一旦ストップ。半年をかけ、北海道から沖縄まで、全国55か所の博物館を取材させていただいた。新型コロナウイルスが蔓延していた時期ということで2か所ほどは掲載がかなわなかったものの、掲載させていただいた博物館においては、この大変な時期にも関わらず、取材をお受けしていただき、本当に頭が下がる思いだった。

本を書くなどは全くの初めてで、始めは慣れない取材で質問もおぼつかなかった私に、長時間に及び親切丁寧に、そして熱意あふれる説明をしていただいた。

展示に関する知識が増えると同時に、みなさんの「多くの方に足を運んでいただきたい、知っていただきたい」という想いに、何度胸が熱くなったことか。毎日のように利用する電話に目を向けてみると、電話交換手がいた時代と今では、その技術の進歩の凄さに驚くばかり。逆に、普段関わることが少ないハンセン病においては、長きにわたり差別や偏見に苦しんだ歴史でもあった。差別や偏見は現代においてもなくならないテーマであり、今を考える上でも、他人事とは思えないほど興味を惹かれた。

知識や見識が広がる以外にも、小さい博物館においては、館長と話し尽くすことができるのも大きな魅力。閉館時間を過ぎても、熱く語らい合った思い出は、これからの人生において、かけがえのない財産になると思っている。

本書で紹介した場所以外にも、紹介したい博物館はまだまだたくさんある。もし、第2弾を書く機会があれば、ぜひとも、その際に紹介させていただければと思う。本書を読んでいただき、少しでも多くの方々に博物館の楽しさ、そして日本には想像以上に多種多様な博物館が存在することを知っていただけば、さらには足を運んでいただけるキッカケになれば、それ以上のものはないと思っている。

博物館は、日本だけでも5700以上ある。6年近く博物館を巡っていても、まだまだ行きたい博物館は山ほどあり全然満足できていない。これからも、博物館を訪ね続ける私の旅は続いていく。

最後に改めて、出版するにあたり取材に協力していただいた博物館の方々、さらには、旅の途中で寝床を提供して下さったり、ご飯をご馳走して下さった方々、そして今回出版の機会を与えて下さったみらいパブリッシングの松崎社長、本当にありがとうございました。

そして、この本を手にとっていただいたすべての方々に、感謝を申し上げます。

丹治 俊樹（たんじ・としき）

博物館マニア・日本再発掘ブロガー

1987 年神奈川生まれ。フリーエンジニアの傍ら、日本の知られざる場所を発掘して取材・調査をまとめたブログ「知の冒険」を運営。本業でうつ病を患うも、ブログを始めて 6 年間、博物館が好きすぎて、本業以外の時間をすべて日本全国の博物館取材に費やす。訪問した博物館は約 750 か所。東洋経済オンラインなどの web メディアに取り上げられるほかラジオ番組へも出演しつつ、日々博物館の魅力を発信している。

ブログ 知の冒険：https://chinobouken.com
Twitter アカウント：@chinobouken1

* 掲載の博物館情報は発行時現在のものです。
　ご利用時には直接博物館に確認されることをおすすめします。

世《よ》にも奇妙《きみょう》な博物館《はくぶつかん》
未知《みち》と出会《であ》う55スポット

ビジュアルガイドシリーズ

2021年8月20日　初版第1刷

著　者　丹治俊樹《たんじとしき》
発行人　松崎義行
発　行　みらいパブリッシング
〒166-0003 東京都杉並区高円寺南4-26-12 福丸ビル6F
TEL 03-5913-8611　FAX 03-5913-8011
https://miraipub.jp　MAIL info@miraipub.jp
企画協力　岩本薫
編　集　吉澤裕子
ブックデザイン　洪十六
発　売　星雲社（共同出版社・流通責任出版社）
〒112-0005 東京都文京区水道1-3-30
TEL 03-3868-3275　FAX 03-3868-6588
印刷・製本　株式会社上野印刷所

ISBN978-4-434-29086-2 C0076